음악 없이 춤추기

음악 없이 춤추기

최화경 지음

수필과비평사

■ 작가의 말

나에게 수필 쓰기는 매듭풀기와 같다. 맺힌 게 없이 살자고 한껏 느슨해지려 애쓰지만 삶은 어느 순간 굵은 매듭이 되어 체증처럼 날 답답하게 한다. 어쩜 그 매듭들은 나의 허물인지도 모른다. 오래 견디지 못하는 나약함, 온전히 사랑할 수 없는 이기심, 감사하지 못하는 오만, 무뎌지지 않는 날카로움, 그리고 자업자득의 모든 쓰라림까지.

누군가는 말한다. 수양이란 자신의 허물을 녹이는 것이라고. 내 허물을 녹이는 방법으로 내 삶은 어쩔 수 없이 매듭풀기의 연속일지도 모르겠다. 그리고 그 끝없는 매듭풀기가 내 수필 쓰기가 될 것이다. 상처 받은 마음을 치유할 수 있는 처방으로 내 수필이 읽혀진다면 더없이 기쁘고 행복하겠다. 튼실하지 못한 내 것들을 첫 수필집이란 열매로 맺을 수 있게 도와주신 모든 분들께 깊고 뜨거운 감사드리며 내 마음의 순금촛대도 함께 드린다.

딩 하우, 그에게 이 책을 바친다.

2008년 5월

최 화 경

■차 례

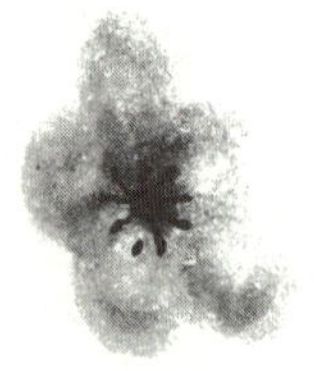

1. 중독

2. 수빈이

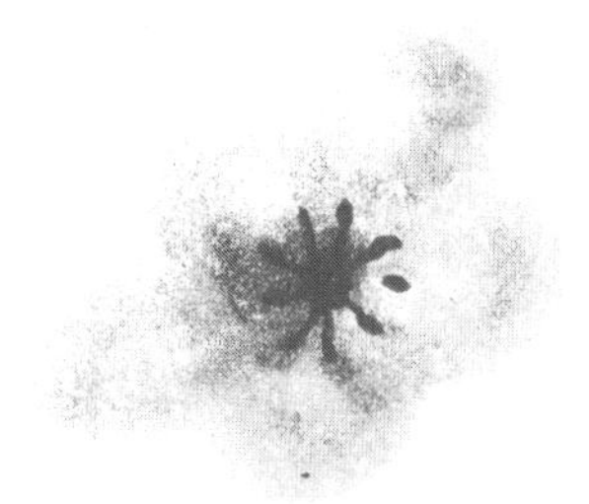

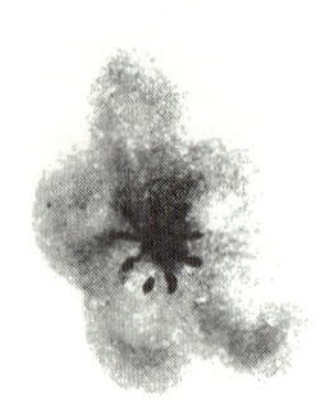

3. 음악 없이 춤추기

4. 포르셰는 사셨나요?

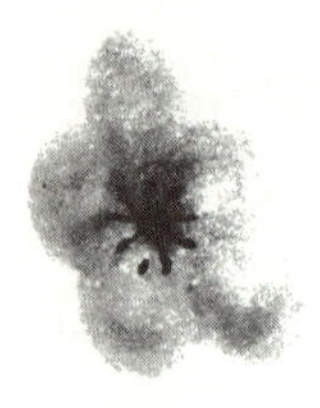

5. 크리스털 꽃병

6. 그리운 것은 그리운 대로

1. 중독

사랑, 그 행복한 중독 | 손톱에 봉숭아물 들인 남자 | 슬픔의 이름으로 | 우울 혹은 슬픔을 이기는 방법 | 그녀에겐 특별한 것이 있다 | 초록 물고기로 남은 숭례문 | 중독 | 담배 피우는 남자가 그립다 | 두 여자 | 나비 그리고 대금산조 | 매화 연가戀歌 | 수만리의 여름비

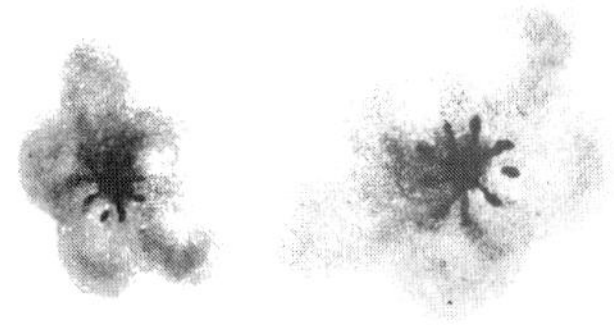

사랑, 그 행복한 중독

그 날 칠연폭포에서 〈쑥대머리〉를 목청껏 불렀다. 휘적휘적 산을 내려오면서 누군가가 그리워서 눈물이 날 지경이었다. '눈이 부시게 푸르른 날은 그리운 사람을 그리워하자.' 고 노래한 미당이 그리웠던 것일까. 아니면, 전전반측하느라 호접몽을 꿀 수 없었던 춘향이 그리웠던 것일까. 아닐 것이다. 내가 그리워한 건 아마 백호 임제林悌였을 것이다. 400년 전에 살았던 풍류시인이 그리워 눈물이라니, 이건 가을병이 도지는 증세가 분명했다.

습관처럼 가을냄새 나는 CD와 립스틱을 사는 걸로 가을을 맞이하곤 했는데 이번 가을은 내 가슴이 허한 탓인가, 유독 쓸쓸하다.

진한 립스틱에 손이 갔고 소울(soul) 창법의 노래가 듣고 싶어 브라운 아이드 소울이란 그룹의 CD를 샀다.

북천이 맑다커늘 우장 없이 길을 나니
산에는 눈이 오고 들에는 찬비 오다.
오늘은 찬비 맞았으니
얼어 잘까 하노라.

플레이어에 CD를 올려놓는 순간, 도무지 믿어지질 않았다. CD의 첫 곡은 백호 임제의 〈북천이 맑다커늘〉이란 시조에 곡을 붙인 노래였다. R&B 가수가 시조에 곡을 붙여 그토록 섬세하고 절묘한 하모니로 노래할 수 있다는 게 너무 놀라웠다. 시조 〈북천이 맑다커늘〉은 임제가 평소 흠모하던 평양의 명기 한우寒雨를 찾아가서 찬비라는 이름에 빗대어 읊은 시조이다. 풍류남아로서 임제의 멋을 가히 짐작할 수 있을 것 같았다. 갑자기 400년도 더 전에 살았던 임제의 그 파격의 멋에 전염이라도 된 듯 나도 모르게 온몸이 부르르 떨렸다.

그 날 그토록 임제가 그리웠던 건 나도 그런 사랑이 그리워서였을까? 한우가 화답한 〈어이 얼어자리〉란 시조를 찾아 읽으며 조선시대 기생의 멋과 재능에 시새움과 존경을 함께 느꼈다. 내 전생이

기생이었다 해도 그것마저 괜찮을 것 같았다.

나는 사랑 얘기가 좋다. 데이지에 대한 갯츠비의 지독한 사랑은 외롭고 쓸쓸해서 싫지 않고, 어리석을 정도로 지고지순한 도미와 아랑의 사랑은 가슴 아프지만 이 세상에 없는 얘기 같아 좋다. 영화 〈미저리〉의 비정상적으로 중독된 사랑도 나쁘진 않아 보이고, 때때로 일탈을 꿈꾸는 위험한 사랑에도 매력을 느낀다. 인간의 최고 화두는 언제나 사랑이 아닌가 싶다. 모두들 사랑하고 싶어 하고 사랑 받고 싶어 끊임없이 괴로워한다. 사랑의 힘처럼 위대한 것도 없는 듯 세상엔 사랑이 해내는 기적이나 충격적인 일이 너무도 많다. 그건 따뜻하고 달콤해서 삶을 풍요롭게 하고 때론 슬프고 아름다워서 행복함과 감동을 촉발한다.

몹시 스산하고 서걱이는 이 가을, 꿈에라도 임제, 그를 만나고 싶다. 그리고 잔 잡아 권할 이 없다고 탄식하던 그에게 내가 황진이가 되어 잔 잡아 권해 본다면 이 쓸쓸한 만추를 견디기가 한결 쉽지 않을까?

---

*칠연폭포 : 전북 무주 덕유산 소재의 폭포.

*쑥대머리 : 긴 머리채가 어지럽게 흐트러진 모습(옥중 춘향의 머리 모양).

*백호 임제 : 조선왕조 선조 때 시인. 38세 때 요절함.

(2003)

손톱에 봉숭아물 들인 남자

예전에 난 손톱에 봉숭아물 들인 남자를 참 좋아했다. 아니, 그 남자에게 무척 호의적이었다고 해야 맞을 것 같다. 요즘엔 좀처럼 그런 남자를 볼 수 없다는 것이 안타깝다. 지금은 물에 개어 손톱에 바르기만 하면 2시간 안에 봉숭아 손톱이 되는 간단한 화학약품이 나와 봉숭아 손톱이 주는 순수와 옛날의 아련함은 많이 사라진 듯하다.

내가 어릴 적엔 봉숭아물 들이는 날은 마치 잔치 전날처럼 부산하고 설레었던 기억이 난다. 예쁜 빛깔의 꽃잎을 가려 따서 잘 간수하고 피마자 잎도 부드럽게 해서 손톱을 감싸기 좋게 만들어 놓았다. 명반이라는 이름으로 할인점이나 약국에서 팔고 있는 신맛이 나는 백반은 그때는 한약방에서 팔았다. 행인杏仁이라고 해서 약재로 쓰이는 살구 씨를 주워 한약방으로 가지고 가면 그 곳에서 백반과 바꿀 수 있었다. 초여름에 버린 살구 씨를 줍기 위해 난 온종일 길가를 헤매고 다녔다. 그때는 길가에 먹고 버린 살구 씨가 많았다.

손톱에 봉숭아물 들이는 과정은 누구나 알고 있을 것이다. 그 과정은 화목하고 평온하지 않으면 절대로 치러질 수 없는 행사이기도 하다. 생각해 보라. 우환과 불화가 있는 가정, 사랑이 없는 가족이라면 상대방이 묶어주고 감싸주지 않으면 할 수 없는 그 다정한 과정을 어떻게 해낼 수 있을 것인가.

내가 봉숭아 손톱의 남자를 좋아하는 이유는 그 남자가 봉숭아물 들이는 과정을 접할 수 있는 화목하고 평화로운 가정에서 자란 사람이 분명할 거라는 생각 때문이다. 그런 가정에서 자란 사람이라면 모든 일에 긍정적이고 사람과의 관계를 소중하게 생각하는 따뜻한 사람일 것이다. 물론 어둡고 차가운 성격은 더욱 아닐 것이다. 또 여성적인 취향으로 봉숭아 손톱을 하고 싶어 하는 마음엔 순수와 부드러움이 있을 것이고, 아집과 편견 같은 건 없을 것 같았다. 물들인 손톱이 비록 새끼손가락 한 개일지라도…….

무엇보다 주로 밤에 하는 봉숭아 손톱행사에 참여할 수 있다는 건 적어도 늦은 귀가가 습관이 된 사람은 아닐 것이다. 그 남자의 정갈한 생활과 가정적인 성품을 엿볼 수 있고, 매우 온유하고 건강한 정신의 소유자일 거라는 생각이 든다. 이런 몇 가지 가정들이 비약적이고 다소 과장되어 보이기도 하겠지만 그다지 황당한 생각만은 아닌 것 같다. 실제로 봉숭아 손톱을 가진 남자에게서 순수하고 깨끗한 식물성이 느껴지기도 했으니까.

모든 가치관이 변하고 세상 돌아가는 모습이 끝을 보는 듯 비관적이긴 하지만, 손톱에 봉숭아물 들이는 과정은 오랜 세월이 지난 지금도 크게 달라진 게 없어 보인다. 특히 화목하지 못한 집에서는 그 행사가 이루어지기 쉽지 않다는 것까지. 오늘 문득 그 옛날 봉숭아 손톱을 하고서 내 앞에 서 있던 그 남자가 그리운 건 봉숭아 꽃잎이 떨어져 눕는 이 계절이 떠나가는 아쉬움 때문일까?

슬픔의 이름으로

벨벳 언더그라운드가 부르는 〈페어 블루 아이즈〉란 노래를 들어보면 탬버린이란 악기가 얼마나 매혹적인 소리를 내는지 느낄 수 있다. 내가 아는 탬버린은 노래방에서 흥이나 돋우는 시끄러운 악기라는 것 정도였다. 사실 노래 못하는 내가 가장 잘 흔드는 악기이기도 하다. 찰찰이라는 또 다른 이름의 그 명랑한 악기가 그렇게 슬픈 음을 낼 수 있다는 게 참으로 놀라웠다.

미세한 떨림 같기도 한 금속성의 소리가 노래 전편에 끊임없이 들리는데, 그 소리를 듣고 있으면 이건 노래가 아니라 그냥 슬픔 덩어리다. 영화 〈접속〉에서 이 노래를 처음 들었을 때 난 오랫동안 이 탬버린 소리에서 헤어날 수가 없었다. 모든 소음이 멎은 늦은 밤 오디오에서 반짝이는 작은 빛에 의지한 채 무릎에 얼굴을 묻고 이 노래를 듣곤 했는데, 노래 한 곡 전체가 슬픔이 되어 가슴에 다 녹아드는 듯한 탬버린 소리를 들으며 목이 메었던 기억이 난다.

얼마 전 그 탬버린 소리를 들었다. 영랑 생가에서였다. 부끄럽게도 난 영랑에 대해서 많은 걸 알지 못한다. 그가 〈모란이 피기까지는〉이란 시를 썼다는 것 밖에는…. 영랑 생가를 둘러보는 내 귓가에 탬버린 소리가 떠나질 않았다. 그리고 내내 슬펐다. 잎도 꽃도 다 져버려 겨울나무처럼 헐벗은 모란도 슬펐고, 지금의 꼭 내 나이에 그가 세상을 떠났다는 사실도 슬펐다. 그 사람이 지금 이곳에 없기 때문인가? 생가 답사는 언제나 쓸쓸하다. 영랑의 시를 한 편도 기억할 수 없는 답답함을 억누르며 시비詩碑 앞에서 〈모란이 피기까지는〉을 읽다가 그의 등을 껴안듯 돌을 안아 봤다. 온기 없는 돌의 차가움에 그가 없음을, 아니 그가 아님을 다시 느끼며 허전했다. 이질감을 주며 미아처럼 서있던 키 큰 종려나무가 우울해 보였던 건 내 안의 외로움 때문이었을까.

다산기념관에서 영랑의 시집 몇 권을 샀다 그를 만난 듯했다. 다산초당으로 가는 숲 속 어딘가에서 또다시 그 탬버린 소리가 들려왔다. 92개 돌계단을 오르면서 다산의 외로움과 쓸쓸함이 느껴져 힘이란 힘이 모두 빠졌다. 운동 부족과 시집의 무게 때문이라고 생각하기엔 버거움의 정도가 몸보다 가슴 쪽에서 더 느껴졌다.

천일각에 올라서 멀리 바다를 바라보니 탁 트인 시원함도 잠깐, 이곳에서 흑산도로 유배 간 둘째 형 약전을 그리며 마음을 달래던 다산의 사무친 외로움과 그리움이 내 것인 양 아파왔다. 허청허청 산을 내려오면서 난 줄곧 생각했다. 모든 분야에 총 500여 권의 방대한 저술을 남긴 다산이 훌륭한 실학자이기 이전에 늙지 않은 나이에 얼마나 고통스럽고 외로웠을까. 참담함으로 온전하기나 했을까. 18년을 견디다 보면 체념보다 분노가 더 많지 않았을까. 왜, 내겐 이다지도 다산의 고통만 보이는 걸까. 다산이 수맥을 잡아 만들었다는 약천에서 찬 물 한 모금을 마시고 나서 비애가 다소 사라진 듯하더니, 두충나무 숲을 지나오는데 울컥 설움 덩이 같은 게 다시 목에 걸린다.

사람들은 되도록 슬퍼지지 않으려고 한다. 나도 슬퍼지는 게 싫다. 슬퍼지면 심약해져 모든 게 엉망이 되고 만다. 그래서 모두들 든든한 심장을 가지고 절대로 상처받지 않으려고 독해지려 애쓰는 것 같다. 세상이 메마르고 삭막해지는 것도 어쩜 당연한 일인지 모른다. 그러나 아이러니하게도 그 독함을 희석시키는 게 슬픔이 아닐까 하는 생각이 든다. 슬픔이란 정제 된 것이어서 무정한 내면을 정화하고 진정시킨다. 때때로 지독하게 슬퍼지는 것도 이 헐벗고 질긴 세상을 견디는 한 방법이 아닐까?

(2003)

우울 혹은 슬픔을 이기는 방법

우울하거나 쓸쓸해질 때 사람들은 제각기 자기 방법대로 그걸 해소한다. 그게 꼭 즐거운 일을 통해서가 아니라도 거기에서 카타르시스를 느낀다. 슬플 때, 즐거운 이야기와 시끄러운 음악뿐 아니라 때론 더욱 더 슬픈 노래나 슬픈 이야기를 들으면 가슴의 응어리가 녹아들어 차라리 후련해질 수도 있다. 나는 그것을 이겨내는 방법 몇 가지를 알고 있다. 그건 아주 사소한 것들이다.

음악을 들으면서 하는 일은 뭐든 좋아하지만 어떤 소음에도 방해받지 않고 할 수 있는 일은 그래도 다리미질만 한 게 없다. 거기다 크리스탈 게일, 셈쿡, 노라존스의 노래라도 듣게 되면 온몸에 쥐가 난 듯 감미로워질 수 있어 더욱 좋다. 구겨진 옷을 다리며, 짜증으로 찡그린 얼굴과 몰이해와 편견으로 구겨진 마음까지 다릴 수 있다면 얼마나 좋을까 하는 생각만으로도 마음이 환해진다.

오렌지 마멀레이드를 바른 바삭한 빵, 맛이 너무 미묘해서 델리키트하다는 표현이 적절한 버터쿠키와 함께 블랙커피를 마시다 보면 달콤함과 쓴맛이 주는 조화로운 교훈이 긍정적인 생각을 갖게 해준다.

우울할 땐 뜨거운 홍차에 위스키를 몇 방울 떨어뜨려 마셔 보라. 상처받은 마음이 소독된 듯 기분이 좋아진다. 또, 〈글루미 선데이(Gloomy Sunday)〉를 들으며 흑맥주를 마시고 있으면 '전혜린'과 '슈바빙'이 생각나고, '뮌헨'의 레몬 빛 가스등이 생각나 더욱 쓸쓸해진다. 그러나 그 쓸쓸함이 우울함을 희석시킨다.

임형주가 부르는 〈셀리가든〉을 처음 들었을 때, '르동'의 〈날개 달린 사나이〉란 그림을 봤을 때, 혹은 'J.D.샐린저'의 《호밀 밭의 파수꾼》을 읽고 난 감동을 생각해 보는 것도 마음의 평화를 얻는 데 도움이 된다.

때때로 거실바닥에 함부로 누워 음정 박자 무시하고 이미자 노래를 불러 보는 것도 괜찮다. 모든 복잡함을 버리고 단순해질 수 있어 머리가 개운해진다. 욕조에 더운물을 반쯤 채운 뒤 그 속에 앉아 신문을 읽거나 바이런의 시를 읽는다. 너무 오래 있지 않도록 주의만 해준다면 이건 고독을 이기는 확실한 방법 중 하나이다.

어느 날 나도 모르게 벌떡 일어나 TV 쪽으로 갔다.

"나보기가 역겨워 가실 때에는 죽어도 아니 눈물 흘리오리다…." 〈진달래꽃〉이었다. 소월의 시에 곡을 붙여 폭발하듯 부르는 노래는 이미 노래가 아니고 절규였다. 야단스런 춤사위 하나 없이 오직 손놀림 하나만으로 모든 걸 표현하는 무대매너는 흡사 판소리의 발림을 연상케 했다. 서구적인 얼굴에 청바지 차림의 가수에게서 '살풀이'를 추는 환상을 보게 되는 까닭은 무엇일까. 답답했던 가슴이 뻥 뚫린 듯 후련해진다. 이별의 노래에서 이런 자극적 정서를 느끼는 건 특별한 일이다. 지독한 슬픔을 승화시키는 듯해서 오히려 아름답다.

물론 내가 말한 방법들이 정석일 수는 없고 또 모든 사람에게 공감을 준다고 볼 수는 없다. 오히려 시끄러운 음악에 몸을 맡기고, 게걸스럽게 먹어치우고, 외롭고 쓸쓸해서 못 살겠다고 소리 지르는 게 더 정직한 방법일 수도 있다. 다만 모든 게 상대적일 필요는 없을 것 같기에 조심스럽게 내 방법을 얘기했을 뿐이다.

(2003)

그녀에겐 특별한 것이 있다

그날 저녁 '크림' 엔 그녀와 꼭 닮은 분위기의 등이 걸려 있었다. 마치 그녀가 거기에 매달려 빛을 발하고 있는 듯했다. 섬세하고 손이 많이 간 듯하면서도 절제되어 깔끔하고 독특한 모양을 지니고 있었다. 그녀가 지니고 있는 파격의 멋을 내비치기에 충분했다. '크림' 은 그녀가 새로 문을 연 레스토랑의 이름이다.

4년 전 처음 그녀를 만났을 때 난 느꼈다. 친구란 꼭 나이가 같을 필요는 없다는 것을. 더구나 직장 주변에서 만난 사람들은 대개가 한 얼굴을 덧쓰고 전체를 다 내보이지 않는다는 걸 여러 번 보아온 터라 그녀의 진실은 더 값진 것이었다.

그녀에겐 특별한 것이 있다. CD가 흔한 요즘에도 음악을 들을 때 LP로 듣는 것도 그렇고, 음식솜씨도 좋고 손님 접대하길 즐기면서도 설거지는 지독히 싫어해 식기세척기 없이는 못 사는 것도 특이하다. 전쟁이 나면 식기세척기만 들고 피난 간다고 말 할 정도다. 베이직 스타일의 옷을 즐겨 입고 이멜다 여사처럼 신발이 많다는 것도 그녀의 특별함이다. 인디 밴드의 음악을 좋아하고 감독을 보고 영화를 고르는가 하면 술을 못 마시면서도 술집 순례를 즐긴다. 토크를 좋아해서 어떤 화제든 매끄럽게 이끌어갈 수 있어 그녀의 주변엔 언제나 사람이 떠나질 않는다.

그녀와 난 공통점이 많은 것 같으면서도 다른 점이 더 많다. 난 음식을 만들기보다는 끝내고 나면 개운해지는 설거지를 더 좋아한다. 그녀는 김기덕 감독의 〈악어〉를 좋아하고 나는 〈섬〉을 좋아하며, 그녀는 장사익 노래 중 〈꽃〉을 좋아하고 난 〈댄서의 순정〉을 좋아한다. 그녀는 안젤리나 졸리와 로버트 드니 로를 좋아하고, 나는 메릴 스트립과 제레미 아이언즈를 좋아한다. 그녀는 백인 음악을 좋아하고 윤도현 밴드와 '크라잉넛' 을 좋아하지만 난 흑인 음악을 좋아하고 조관우와 '브라운 아이즈' 를 좋아한다.

이렇듯 서로 다르면서도 동질감을 느끼는 것은 그녀와 내가 나이에 비해 다소 세속적이 아니기 때문이 아닐까. 실제로 그녀와 난 잘 만들어진 영화 한 편, 혹은 들을 만한 노래 한 곡으로 행복의 극치를 얘기하고 때론 우울해한다. 너무도 사소한 일에 심각해지는 우리는, 그래서 다소 엉뚱하고 한심한 부분도 있다.

그녀는 나보다 여덟 살이나 어리다. 예전엔 나보다 나이가 어린 사람과는 거의 친구로 사귀지 않았다. 어려서부터 나이 많은 언니들과 놀아야 어른스러워지고 정신연령도 높아진다고 생각했기 때문이다. 사실, 나이 어린애들과 놀다 보면 뭔가 손해보는 느낌도 없지 않았었다. 그러나 그녀는 그런 편견보다 오히려 톡톡 튀는 젊음과 적극적인 사고로 날 항상 깨어있게 하고 자극 받게 해서 나이를 잊게 해준다.

그녀도 나처럼 딸아이 하나만을 기르고 있다. 외동이를 키우는 우리는 엄마로서 아이의 문제에 대해서 종종 얘기하는데 아이 기르는 방법도 둘이 사뭇 다르다는 걸 느낀다. 그녀는 아이에게 이성적으로 대하면서 절제된 감정으로 조화로운 관계를 유지하는 듯하고, 난 감성적으로 아이를 대하고 과잉보호로 아이를 지치게 해서로 마음을 다치고 힘들어한다. 이럴 땐 늦은 밤 전화로 그녀에게 하소연하며 조언을 구하기도 한다. 그럴 때마다 그녀는 내 다친 마음을 다독이며 위로해준다. 이럴 땐 정말 친구란 같은 또래일 필요는 없다는 걸 절실히 느낀다.

귀여운 눈웃음, 압도하는 노래 솜씨, 탐미주의적 미의식, 사랑에 대한 파격적 정의와 방법, 이건 그녀의 또 다른 특별함이다. 그리고 무엇보다 그녀의 특별함에 모든 사람이 유쾌하게 침몰한다는 것이다.

난, 모나미(다정한 벗)라는 프랑스 말을 참 좋아한다. 나이와 상관없이 친구를 부르는 호칭으로 모나미처럼 적당한 말도 없는 것 같아서이다. 가능하다면 나의 모나미, 그녀와 호호백발 할머니가 될 때까지 친구로 지내고 싶다. 그거야말로 매우 특별한 일일 테니까.

(2003)

초록 물고기로 남은 숭례문

제발 꿈이길 바랐다. 시커멓게 무너져 내리는 누각을 바라보면서 이게 꿈이었으면 좋겠다는 생각뿐이었다. 아니, 화재 장면이 압권으로 평가될 영화의 한 장면이길 간절히 바랐다. 그러나 다섯 시간 만에 숭례문이 전소됐다는 사건기자의 다급한 목소리가 튀어나오고 만다. 그랬다. 그건 절대로 영화가 될 수 없는, 돌이킬 수 없는 현실이었다. 독한 상실감과 허망함이 가슴 한쪽을 짓누르며 치한처럼 덤벼들었다.

초저녁, TV에서 연기에 휩싸여 불빛을 머금고 있던 초록의 처마를 봤을 때만 해도 그게 마지막일 거라는 생각은 꿈에도 못했다.

깊고 푸른 밤을 배경으로 마치 수천 마리의 초록 물고기가 부유하듯 몽환적 아름다움으로 요요하던 그 누각이 그처럼 허무하게 사라질 거란 생각은 더더욱 못했다. 그 모습이 너무 아름다워 숭례문에 화재가 난 사실을 잠깐 잊고 있기까지 했었다. 서울 나들이 일정 중 멀리서 혹은 가까이서, TV나 때론 사진 속에서 바라만 봤던 숭례문이었지만 그 익숙한 모습을 다시는 볼 수 없다고 생각하자 마치 사람을 향해 쏟아지는 마음처럼 모든 게 그립고 아쉽고 허허로워 마주 잡은 팔을 가슴 쪽에서 좀처럼 내려놓을 수가 없었다.

'숭례문 우리가 태웠다.'

꼭 신문의 머리기사가 아니라도 숭례문이 불탔다는 표현보다 태웠다는 표현이 더 적절했다. 떠넘기기식 변명을 하며 진화가 늦어진 이유를 설명하는 게 지금 와서 무슨 소용이란 말인가. 그따위 경위를 누가 묻기나 했는가? 600년 세월을 함께 복원할 수도 없으면서 집요하게 복원을 얘기하는 말, 말, 말들에 넌더리가 난다. 영혼도 자존감도 없이 페인트 냄새 진동하는 한낱 건물에 지나지 않을 새로운 숭례문을 지금 당장 누가 원하는가?

이제 숭례문이 없다. 아니, 없어졌다. 수천의 초록 물고기가 유영하듯 휘황한 처마에 600년 세월을 휘감고 아정했던 숭례문이 너무도 간절해졌다.

누군가를 향해 두 다리를 뻗고 주저앉아 도리질을 하면서 숭례문을 물어내라고 소리 지르고 싶다. 그러나 숭례문을 물어낼 사람은 누구인가? 무너지는 누각의 세월이 허망해서 발을 동동 구르고 상처 받은 자존심에, 분해서 더운 눈물을 흘리며 우리 모두는 속절없이 숭례문을 태워 먹고 말았다. 망자를 기리듯 조화를 바치며 애통해하고 불을 지른 사람에게 죽일 듯 분노하지만 숭례문을 물어내야 할 사람은 너, 나, 우리 모두가 아닐까. 결국 지키지 못한 것도 죄라면 죄일 테니까.

중독

최순우가 쓴 《무량수전 배흘림기둥에 서서》라는 책을 읽다 보면 '연경당에서' 란 작품을 만날 수 있다. 연경당은 순조 28년, 당시의 사대부집을 모방하여 창덕궁 안에 지은 유일한 민가 형식의 건물로, 사랑채의 당호堂號가 연경당이다.

"어쩌다가, 가을소리, 빗소리에 낙엽이 촉촉이 젖은 하오, 인적도 새소리도 끊긴 비원을 찾으면 빈숲을 등진 연경당은 마치 젊은 미망인처럼 담담하다."

이건 11월에 느끼는 연경당의 분위기를 묘사한 대목이다.

건축물에서 이토록 아름다운 정서를 발견할 수 있다는 게 예사롭지 않았다. 마치 사람을 예찬하듯 조심스럽기까지 한 내용에 매료되어 몇 번을 읽은 기억이 난다. 그리고 아름다운 건축물이 사람을 감동시킬 수 있다는 사실을 얼마 후 나도 경험할 수 있었다.

부안 내소사는 조신하고 요조한 숙녀를 보는 듯 자꾸만 끌리는 곳이다. 처음 내소사에 갔을 때 대웅전의 꽃무늬 문살을 보면서 문득 연경당을 예찬하던 작가가 이해되었다. 대웅전이 그토록 조촐하고 절제되어 담담할 수 있을까. 퇴색한 단청을 그대로 둔 처마하며 꽃 조각으로 이루어진 문살들은 너무도 맑아서 마치 화장기 없는 맨얼굴의 처녀 같았다. 국화 같기도 하고 혹, 연꽃인가 하면 마치 해바라기 같기도 하다. 나무 빛깔로 조각된 문살들은 아직 꽃이 없는 이른봄 탓인지 순결한 꽃들이 온통 문살에서 피어나는 듯했다.

고요해서 흔들림이 없고, 정숙해서 방자함이 없으며, 수수하되 누추함이 없는 그 대웅전에서 난 어떤 사람을 보게 된다. 흐르는 강물처럼 동요 없이 한결같아 어찌 보면 바위처럼 무심해 보여 종종 섭섭하기도 하지만 그 변함없음에 벅차다. 어느 순간 그 사람이 하얗게 웃으면 내 안에 모든 세포들이 행복해져 주체 할 수 없는 떨림으로 요람처럼 조용히 흔들린다.

그 사람이 나를 칭찬하면 내가 지닌 모든 것들, 눈물이 날 듯 비루하던 내 것들이 반짝이며 일제히 빛을 발하기 시작한다.

내소사는 이렇듯 따뜻하고 고요한, 때론 반듯하고 정갈한 사람을 보는 듯 차분하고 단정해져 스스로 맑아짐을 느끼게 한다.

배롱나무 잎사귀가 꽃보다 더 아름답게 물들던 가을날 오후 담양 소쇄원에서 다시 그 맑은 영혼을 보게 된다.

소쇄원은 조선시대의 민간 정원을 대표하는 곳이다. 소쇄원 입구의 왕대밭은 대나무가 주는 도도함과 신비로운 운치로 모든 이들을 처음부터 압도한다. 비 갠 하늘에 상쾌한 달이라는 뜻의 제월당은 고즈넉하고 상서롭다. 가을 정취를 제월당이 다 끌어안고 있는 듯 사방이 제각기 다른 풍경으로 비춰진다. 어느 곳에 앉아 있어도 비 갠 뒤의 상쾌한 달을 볼 수 있을 것 같은 제월당의 구조에서 간절한 소통의 의미를 발견한다.

옛 조상들의 멋은 뭐 하나 소홀하지 않은 데서 오는 듯 지금에 이르러서는 과학적 근거까지 동반한다. 도처에 서 있는 흔한 정자의 위치만 봐도 그걸 느낄 수 있다. 그 사소한 위치에서도 햇빛의 각도에 따라 풍경이 달라보일 수 있다는 게 신비에 가깝다.

풍경이 매달린 아득한 처마 끝, 바람과 함께 포개지던 대숲의 수런거림이 머물던 석탑 꼭대기, 너무 청아해서 문득 한기가 느껴지던, 새소리가 적막을 교란하던 곳도 산 깊숙이 자리 잡은 사찰이고 보면 모든 건축물은 자연의 일부인 것처럼 느껴진다. 개별로 서 있으면서 아무런 느낌도 없을 것 같은 건축물에서 이런 몽환적 아름다움을 보는 건 혹시 나의 지나친 감상이 아닐까. 아니, 이미 난 오래된 옛 건축물의 매혹적인 아름다움에 중독된 듯하다.

담배 피우는 남자가 그립다

세상은 온통 흡연자를 파렴치한으로 취급하는 듯하다. 그리고 할 만한 일이란 금연밖에 없는 것처럼 법석들이다. 어딜 가나 금연구역 표시가 되어 있어 자칫 방심하다간 꼼짝없이 벌금형을 받게 될 것 같다. 간접흡연이라는 명분 아래 마음 놓고 담배 한 대 못 피우는 흡연자들은 마치 마당을 잃은 '성북동 비둘기' 처럼 쓸쓸하다.

남편은 지독한 골초다. 난 담배 끊으란 소리는 절대 안한다. 건강이니 가족 사랑이니 하는 이유로 금연을 요구하는 게 너무 잔인한 것 같아서이다. 술도 별반 좋아하지 않고 담배를 피우며 게임이나 하고 스포츠 중계나 즐기는 그에게 금연이란 오히려 독한 스트레스일 것이다. 금연도 따지고 보면 건강 때문일 텐데 그러기 전에 금연에서 오는 고통 때문에 지레 병이 나버릴지도 모른다는 생각에서이다. 그냥 재떨이 뚜껑이나 잘 닫아두길 바라며 공기 청정기를 한껏 높여 가동할 뿐이다.

한때 담배는 인생의 액세서리라느니, 커피 같은 기호식품이니 하는 수식어가 따라다니며 제법 멋스러운 존재로 군림할 때도 있었다. 나는 담배 냄새를 좋아했다. 담배 냄새는 친정아버지 냄새이기도 했다. 아버지는 담배연기로 동그라미를 잘 만드셨다. 난 그게 신기해서 한 개만 더, 한 개만 더, 하면서 아버지를 조르던 기억이 난다. 도넛 같은 동그라미가 줄지어 나오던 아버지의 입 모습이 어제인 듯 선명하다. 요즘 이런 아빠가 있다면 불량아빠쯤 될까. 아니, 존재하기나 할지 모르겠다.

성냥을 그어 붙이면 담배에서 나던 유황 냄새는 내 젊은 날의 추억의 냄새이기도 하다. 그 냄새는 담배 냄새이기 전에 진실의 냄새이기도 했고, 내가 기억하는 모든 남자들의 냄새이기도 했다. 담배연기 자욱한 카페, 그 연기 저쪽에서 가느스름하게 눈을 뜨고 내 쪽을 바라보던 시선, 담배가 끼어 있던 적막한 손가락들, 그리고 정의로운 대화들. 이런 것들은 그야말로 추억이란 이름으로 사라져 버린 듯하다. 세상의 온갖 고뇌를 짊어진 듯 건강 따윈 생각하지 않고 폐부 깊숙이 연기를 빨아들였다가 내뱉는 여유. 몸 생각해서 반만 피우다 마는 그런 각박한 흡연보다 필터를 엄지와 검지로 잡고 끝까지 태우던 모습이 불량스럽다기보다 뭔가에 몰입한 듯 멋있어 보였다.

모임이나 식사 장소에서 담배 피우는 걸 큰 죄나 지은 것처럼 양해를 구하는 남자를 볼 때면, 그들의 공손함보다 좀 애처로운 마음이 먼저든다. 그리고 담배를 끊지 못하는 모습에서는 그들의 나약함보다 오히려 대단한 고집스러움이 더 좋아 보일 때가 있다. 담배의 해독보다 담배가 주는 활력소나 낭만이 더 매력적인 탓일까. 때때로 좀 예의 없어 보여도 당당한 모습으로 담배 피우는 남자가 그립다.

가슴에 한이 많아서였는지 옛날엔 담배 피우는 할머니들이 많았다. 그러고 보니 뭔가 응어리를 녹이고 내면의 상처를 소독하는 데는 담배만 한 것도 없어 보였다. 술처럼 망가질 필요도 없고 혼자 삭이며 절절해질 수 있는 것도 담배의 매력인지 모르겠다. 그러나 담배의 해독은 가히 끔찍할 정도여서 그런 TV프로그램이라도 볼라치면 남편이 걱정되기도 하지만 설마 하면서 체념해버리기 일쑤다. 흡연의 좋은 쪽만 보려 하는 내가 오히려 중독자가 된 듯하다.

찌개냄비 끓듯 세상이 부글부글 끓고 있다. 우리들 가슴도 분노로 끓어넘칠 지경이다. 뭔가 끓어오를 땐 남의 눈치 안 보고 담배를 꺼내들던 옛날은 얼마나 정직하고 후련했던가. 금한다는 건 항상 반항적이고 답답하다. 이 무정한 세월을 견디는 한 방법으로 진짜 담배 한 번쯤 피워보는 건 어떨까?

두 여자

여자 하나

그 여자에게선 언제나 냉기가 느껴졌다. 아니, 따뜻함이 느껴지지 않았다는 표현이 더 정확할 것이다. 절제된 언어, 반듯한 몸가짐, 무표정에 가까운 차분함, 이런 분위기는 그 여자 또래가 주는 푸근함과 느슨함조차 없어 보였다. 만약 잘 정돈된 손톱에 칠해진 매니큐어와 손질이 잘된 머리 모양이 아니었다면 그 여자에게서 그나마 온기를 느끼기 어려웠을 것이다. 난 그 여자의 긴 손톱을 보면서 여자의 내면이 몹시 뜨겁거나 허무할 수도 있을 거란 생각을 했다. 그리고 늘 그 여자에게 압도되는 느낌을 어쩌지 못했다.

내가 가지지 못한 것, 혹은 내게 없는 정서 때문인지는 몰라도 그 여자에게는 내 자신을 작아 보이게 하는 뭔가가 도도하게 내비치곤 했다. 물론 이 모든 감정들은 순전히 내 마음의 표현이지, 그 여자가 스스로 날 흔들거나 자극한 적은 없다.

그 여자는 사진 찍기를 좋아했다. 좋은 경치에 몰입하거나 여자의 카메라 앞에서 포즈를 취하는 사람들을 향해 손가락 사인을 보내는 모습이 너무나 매력적이었다. 그 여자는 때때로 도전적이고 강인한 정신력이 요구되는 코스의 산행을 하기도 했다. 그 산행의 험한 과정들은 섬뜩할 정도의 양면성을 보여주곤 했는데 난 엄두도 못 낼 일이어서인지 그것마저 부러웠다.

그 여자의 신비는 꽃꽂이다. 실크와 메탈의 이중성을 보는 듯 여자의 취미는 항상 이질적이었다. 거침과 섬세함, 고요와 역동, 단정함과 이완. 과장되게도 중독처럼 그 여자의 모든 것에 늪처럼 빠져드는 내 자신을 가끔 본다.

이 수필 제가 살 수 있을까요?

그 여자의 수필은 이런 식으로 평가되기도 한다. 마치 좋은 그림을 봤을 때의 표현처럼. 묽은 색채로 그리는 수채화처럼 섬세하고 투명한 여자의 글들은 물감이 풀어지는 잔잔함에 평화롭다. 색깔로 표현된다면 연초록이나 달빛, 또는 연기의 요원함으로 나타나는 그 여자의 글에서 언제나 여자의 긴 손톱을 함께 본다. 그리고 그 여자의 세계에 자꾸만 매혹되는 건 여자의 긴 손톱에서 이미 봐

버린 뜨거운 정념 때문이 아닐까. 아니, 9월의 칸나보다 더 붉은 그것은 결국 내 색깔이기도 하다는 걸 내가 더 잘 알기 때문인지도 모른다.

여자 둘

그 여자는 따뜻하다. 여자를 마주하고 있으면 마치 따뜻한 물속에 들어앉아 있는 것처럼 부드럽고 편안해서 천년이라도 잠 들 수 있을 것 같다. 그처럼 유정한 여자가 나보다 어리다는 게 경이롭다. 나직나직한 목소리, 가만가만 움직이는 몸짓, 염치를 아는 정서, 그럼에도 불구하고 X등급의 영화를 보고 싶어 하는 도발, 사랑에 대한, 길고 뜨거운 정의로 여자의 나이가 나와 구분된다. 세상이 무정하고 야속할 때 내가 울 곳은 고작 수도꼭지를 틀어놓은 욕실뿐이었다. 그런데 어느 날인가, 그 여자의 꿈꾸는 듯 공허한, 그래서 마치 유리알 같던 눈동자를 만났을 때 내가 울 곳은 이 여자일 수도 있겠다는 생각이 들었다.

그 여자의 문화적 감수성은 예민했다. 공연에 목말라하고 어디론가 떠나고 싶어 몸을 띄우듯 여행을 갈망한다. 난 그 여자와 북유럽에 가는 꿈을 가끔 꾼다. 먼저 오슬로로 가서 밤이 나눠지길 기다리며 백야를 견디고 싶다. 그리고 뭉크 미술관으로 가서 그의 그림 절규를 보고 현대의 불확실성뿐 아니라 여자와 내가 갖는 미래의 모든 불안도 같이 떨쳐 버리고 싶다. 또 지도에는 없는, 소설 속의 아름다운 마을 운자크레보를 찾아보고, 너무 깊어서 복통을 일으킬 정도로 무섭다는 검은 호수도 보고 싶다. 그 여자도 나처럼 분명 그 마을에 피어 있던 작고 노란 들꽃을 보고 싶어할 것이다.

포장되지 않은 시골 강가를 천천히 걷는 것만으로도 연인처럼 설레는 그 여자와 난 같이하고 싶어하는 일이 참 많다. 바람 냄새, 햇빛의 투명함, 꽃의 속삭임, 심지어 생활의 고단함까지 의미를 두고 싶어하는 여자의 감성은 분명 내 마음의 안락의자다.

그 여자의 수필은 수묵화 혹은 흑백영화처럼 아련하다. 옛날을 그립게 하는 여자의 글들은 사라져 가는 것들을 기억나게 하고 따뜻함으로 눈물겹다. 또, 잃어버리고 끝내 찾지 못한 한 짝의 귀걸이처럼 아쉽고 애틋한 얘기도 있다. 스스로를 빛으로 덧칠해 저 홀로 반짝일 줄 아는 그 여자의 강인함은 마치 크리스털처럼 귀하다.

그 여자와 난 일탈의 욕망마저 숨기지 않는 독특함에 서로를 느끼는지도 모른다. 투명한 비밀, 명랑한 우울, 측은지심의 아름다움까지 공유하는 그 여자와 난 전생에 한 탯줄에 묶였던 쌍둥이가 아니었을까 하는 은밀한 상상까지 하게 되는 건 그 여자 안에 내가 너무 많기 때문일 것이다.

나비 그리고 대금산조

나비를 본 적이 언제였던가. 나비가 보고 싶다. 난 나비를 좋아한다. 그래서 내 구두나 머리핀엔 나비 모양의 리본 디자인이 많다. 어릴 적, 봄의 전령사처럼 보이던 나비를 요즘은 봄이 다 가도록 한 번도 못 보고 지나가 버릴 때가 더 많다. 봄이 오는 길목에서 흰 나비를 제일 먼저 보면 엄마가 죽는다고 애써 외면했던 일, 노랑나비를 먼저 보면 옷을 많이 얻어 입는다고 해서 노랑나비가 보이지 않을 때까지 좇아갔던 일들이 바랜 흑백사진처럼 아련하다.

봄이 다 떠나가 버린 듯 꽃보다 더 아름다운 나뭇잎이 성급히 여름을 부른다. 희고 잘게 부서지는 햇빛 사이로 갑자기 난무하듯 날

으는 나비 떼가 잡힐 듯 선명해진다. 배추꽃밭 가득히 날던 노랑나비, 기생나비, 배추흰나비가 어지럼증이 나도록 눈앞에 어른거린다. 나비를 잡으려는 내 모습이 마치 영화 속의 '엘비라' 처럼 아득하게 느껴진다.

전남 함평에서 나비 축제가 열린다는 소식이 전해졌다. 축제는 사람을 들뜨고 설레게 하는 특별한 힘이 있지만 그 들뜸이 뭔가를 관조할 수 있는 분위기를 앗아가는 건 사실이다. 빛처럼 쏟아지면서 꿈처럼 나는 나비의 날갯짓이 끝없이 날 유혹 하는 건 유년의 추억이 그리운 까닭인가. 아니면 봄을 보내는 허허로운 마음 탓일까.

아아, 나비는 축제란 말과 얼마나 잘 어울리는 이름인가. 끝없이 펼쳐진 보랏빛 자운영꽃, 더 이상 곡식이라는 생각이 들지 않는 초록바다 같은 청보리밭, 멀미가 나도록 노란 유채꽃 물결, 들판 가득히 나는 나비는 볼 수 없었지만 나비를 연상하기엔 충분한 풍경들이었다. 우리 야생화와 서양의 이름 모를 꽃들이 가득한 나비 생태관에서 비로소 나비의 무리를 만날 수 있었다. 꽃잎이 하롱하롱 떨어지듯 흰 나비가 날고 있었는데 그 작고 귀여운 것들은 내 유년의 뜨락에서 날던 나비와 똑같은 모습이었다. 날개를 접고 꽃잎에 사뿐히 앉아 있는 나비와 나풀거리며 꽃술을 간질이는 나비를 보자 내 몸이 나비처럼 작아져 떠오를 듯 가볍게 느껴졌다.

누구의 넋이었을까. 엉겅퀴꽃 위에 앉아 있던 서럽도록 하얀 나비를 본 순간 그 섬뜩한 아름다움에 서늘해진 가슴을 지그시 누르며 나비 탄생관으로 향했다. 나비는 몸이 파괴되기 쉽고 죽으면 쉽게 분해되어 없어지기 때문에 화석으로도 남는 일이 드물다고 한다. 그런데도 우리는 죽어서 새나 나비로 환생하는 걸 원하며 또 그렇게 믿고 싶어 한다. 번데기 속에서 나비가 탄생하는 순간을 오랫동안 지켜보며 안쓰러웠다. 소멸하기 위해 저 힘겨운 몸짓으로 탄생하려는 나비가 부질없어 보이기도 했다. 하기야 소멸하기 위해 탄생하는 게 어찌 나비뿐이겠는가. 나비 표본전시관에서 봤던 각시멧노랑나비라는 이름의 북한 나비가 너무 예뻐, 죽어서 각시멧노랑나비로 환생해도 나쁠 거 같지 않았다. 대나무 축제가 열리고 있는 담양으로 향하는 내 가슴속엔 온통 나비뿐이었다.

나비축제가 백작부인이 들고 있던 양산의 레이스처럼 화려했다면 대나무축제는 정경부인의 옥가락지처럼 단아하고 차분했다. 대나무에 꼭 축제가 필요했을까. 대나무는 그냥 대나무로서 도도하고 꿋꿋했으며 야단스러움 없이도 사람을 꼼짝 못하게 사로잡고 있었다. 나비가 도발적이고 현란했다면 대나무는 정화되고 가지런해서 흐트러짐이 없었다.

푸른 대숲에선 햇빛이 길고 가늘게 쪼개지고 있었다. 어디선가 들려오는 대금산조가 고요하게 가슴에 스민다. 그랬다. 들린다는 말보다 스민다는 표현이 더 적절했다. 스피커 장치에 의해서 대숲 가득히 퍼지는 대금 소리는 대나무가 악기로서 경이로웠고 죽창이란 이름의 무기는 상상이 되질 않았다.

댓잎 스치는 소리로 서걱대는 대숲이 마치 고가처럼 적막했다. 술에 취하듯 대숲에 취해 나른하고 혼미해져 마모된 마음이 되다 보면 좀 편안해질까 생각했는데 그게 아니었다. 대나무가 주는 차가움 때문일까. 대숲에 머물러 있으면 있을수록 머릿속이 명징해지고 이성적이 되는 듯했다. 냉랭함으로 온몸을 씻고 나니 신선이라도 된 듯 모든 게 맑아졌고 끊어질 듯 이어지고, 이어져선 다시 휘감기는 산조 가락이 이 세상의 소리가 아닌 듯 신비했다.

이 청명한 오월 하루, 꽃과 나비에 홀린 듯 보냈던 아침나절과 대나무와 대금산조에 취했던 저녁나절은 혹시 내 유년과 중년의 한바탕 꿈이 아니었을까 생각하며 죽록원을 내려왔다. 내려오는 내내 빈 대통 같은 가벼움이 온몸으로 느껴져 마치 허방을 딛는 듯 조심스러웠다. 조심스럽다는 건 쉽지 않다는 얘기일 수도 있겠는데, 대나무처럼 마음을 비우고 곧고 아정雅正한 삶을 살아내는 게 조심스러운 일이 아닐까?

(2004 『웹진』 9월호)

매화 연가戀歌

매화가 그토록 매혹적인가. 매화의 찬사는 대단한 것들이어서 매화가 꽃이라는 생각보다 위인을 보는 듯 경건할 때가 있다. 퇴계 이황은 매화를 너무 아낀 나머지 '매화에 물 주라.' 고 유언을 남길 정도였고, 근원 김용준은 매화란 수필에서 "백화白花가 없는 빙설 속에서 홀로 소리쳐 피는 꽃이 매화밖에 어디 있느냐."라고 매화를 예찬했다.

매화는 실제의 꽃보다 그림이나 글 소재로 접할 기회가 더 많아 진짜 매화를 본 적이 많지 않은데도 매화를 다 아는 듯, 매화를 다 느낀 듯 친근하다. 습관처럼 고흐의 화집을 뒤적이다 〈꽃핀 아몬드 나무 가지〉란 그림을 봤는데 놀랍게도 그건 온통 매화의 느낌이었다. 조카의 탄생을 기뻐하며 그렸다는 이 그림에서 난 동양의 매화가 지닌 정서를 강렬하게 느꼈다. 정말 고흐가 그렸을까 의심이 들 정도로 희망과 도도함이 함께 느껴지는 그림이었다. 청명한 하늘을 배경으로 연한 상아색 꽃송이들이 가지마다 맺힌 듯 달려 있는 모습이 우리네 병풍에 그려진 매화보다 더 매화 같았다. 실제로 아몬드꽃은 남부 프랑스에서는 1월말에서 2월 중순께 꽃을 피운다고 한다. 아몬드꽃이 매화를 닮아 있는 건 아직 추위가 가시지 않은 겨울에 피는 꽃이기 때문인지도 모르겠다.

갑자기 매화가 보고 싶었다. 매화를 닮은 아몬드꽃을 보고 아몬드꽃이 보고 싶어진 게 아니라 아몬드꽃을 닮은 매화가 견딜 수 없이 보고 싶어진 것이다. 웬일인지 내 주변에선 매화 꽃잎 한 장 볼 수가 없었다. 섬진강 쪽에서 매화 소식이 전해왔다. 매화를 보고 싶다는 간절한 마음과는 달리 도무지 꽃을 보러 갈 여유가 생기지 않았다. 여유란 남아도는 의미여서인지 그게 나에겐 용이하지 않았다. 저 혼자 피는 꽃도 제 맘대로 못 보는 생활의 고단함이 온통 어깨 위로 내려앉는 듯 불우하고 우울했다.

매향梅香에 취한 친구에게서 전화가 왔다. 아파트 화단에서 발목을 잡는 황홀한 향기가 있어 돌아보니 그게 매화였단다. 매화 향이 그토록 매혹적으로 사람을 혼미케 하는 줄 미처 몰랐다고 감격해 한다. 난 떨어져 누운 매화가 다시금 생각나서 끝내 매화를 못 보고 만 이 봄이 쓸쓸해졌다.

매화는 왜, 모든 사람을 아득하게 하는가. 늙은 나무 등걸에 자존심처럼 도도히 피어 있는 그 꽃은 화려함과 요사함이 없어 어찌 보면 냉정하기 이를 데 없어 보인다. 그러나 그 절제된 아름다움은 어떤 호들갑보다 귀하다.

"그를 대하면 아무런 조건 없이 내 마음이 황홀해지는 데야 어찌하리까."라고 쓴 김용준을 비로소 이해할 것도 같다.

매화의 아름다움은 늙음에 있다고 한다. 늙은 등걸이 용의 몸뚱이처럼 뒤틀려 올라간 성긴 가지에 띄엄띄엄 몇 개씩 꽃이 피는데 품위가 있다고도 한다. 늙어서 품위가 있는 게 과연 얼마나 있을까. 늙음에 대한 말이 나왔으니 말인데 요즘은 거울보기가 민망하고 사진 찍기가 겁이 난다. 둘 다 거짓 없음을 알기 때문이다. 나이대로 늙어 가는 게 모양새 좋다고, 표정주름조차 없다면 인간미가 없어 보인다고 어설프게 내 자신을 위로해본다. 사람도 매화처럼, 늙어서 품위 있고 격조 높게 변할 순 없는 걸까. 온갖 고난을 다 견뎌내고 눈 속에서 피어난 매화처럼 우리의 삶도 고난과 시련으로 단련되면 그런 고고함으로 맑아질 수 있을지 모르겠다. 이 봄, 홀로 봄을 다 껴안고서 사무치게 매화를 그리워하는 건 늙어서 더 아름답고 의연한 매화의 성품을 닮고 싶어서인가?

수만리의 여름비

메마른 가슴 탓일까. 비 오는 날이면 언제나 물가에 가고 싶은 욕망을 누르기가 쉽지 않다. 찬비가 되어 내리는 가을비, 혹은 생명수가 되어 내리는 봄비보다 여름비가 내리면 어디든 물 쪽으로 가고 싶어 더욱 견딜 수 없다.

참 이상하다. 난 가을에 죽음을 생각해 본 적이 거의 없다. 대개의 사람들은 모든 게 끝나는 듯한 쓸쓸한 조락의 계절, 가을에 죽음을 생각한다는데 난 이상하게 여름비를 보면 죽고 싶은 충동을 느끼곤 했었다. 나뭇잎 위로 떨어지는 빗소리도 슬펐지만 비 온 뒤의 그 비릿한 습기와 끈적이는 열기가 그토록 날 절망스럽게 했다. 근원을 알 수 없는 절망을 견디는 게 너무 힘들고 싫어서 차라리 죽고 싶었는지도 모른다. 그렇게 강렬하진 않지만 지금도 여름비는 때때로 내게 절망으로 다가오곤 한다. 그럴 때마다 죽음을 떠올리기보다 물가 쪽으로 가고 싶은 욕망에 시달린다. 꼭 바다가 아니어도 괜찮았고 강이나 호수가 아니어도 좋았다. 어디서든 내리는 비를 바라보며 바람 부는 쪽을 향해 언제까지고 서 있다 보면 내 가슴 속의 푸석함이 습기를 머금고 촉촉해지면서 희망적이 되는 걸 느낄 수 있다.

여름비의 절망을 털어 버리기엔 수만리만 한 곳도 없을 듯하다. 비 오는 날의 수만리는 절망을 느끼기보다 세상은 참 살 만하다는 걸 느끼게 해 주는 곳이다.

비에 젖은 수만리는 수채화처럼 맑고 투명해서 내 안에 너무 많던 내가 모두 사라진 듯 별 다른 욕심이 없어진다. 물 위로 떨어지는 빗소리를 들으며 비에 젖어 새처럼 떨고 있는 나뭇잎을 바라보고 있노라면 어쩐지 크리스털하다. 수만리를 보석에 비유한다면 거의 크리스털에 가깝기 때문인지도 모른다.

지난날 여름비를 보며 죽음을 생각했던 절망은 주체할 수 없던 내 젊은 날의 사치스러운 감상이었을까. 빗속의 수만리는 너무 신비로워 죽음은커녕 삶의 의지로, 때론 희망에 부풀어 저 홀로 아름답다. 초록이 짙어지기 전의 수만리 숲은 풋내가 날 듯 아직도 연하다. 비 오는 날의 바람은 온통 숲 속에서만 부는 듯 뒤척이는 나뭇잎들이 은처럼 희게 빛난다.

저만큼 비에 흠뻑 젖어 더욱 짙은 색으로 변한, 그래서 더 그리운 은사님 댁이 보인다. 열네 살 소녀의 문학에 대한 열망을 한없이 부추기며 격려하던 은사님은 노년을 이토록 아름다운 마을에서 보내신다. 달빛처럼 은은하시던 은사님의 옛 모습이 어제인 듯 선명하다. 목소리는 세월과 상관없는 걸까. 30년이 훨씬 지난 세월 속에서도 목소리는 순금처럼 변함이 없으시다. 수화기 저쪽에서 내 이름을 부르시면 난 다시 열네 살이 된 듯 물처럼 순수해지려 한다. 은사님을 뵙지 않고 비에 젖어 고즈넉한 은사님 댁만 바라보고 있어도 은사님을 다 뵌 듯, 다 느끼는 듯 푸근하다. 은사님이 전해주시는 '수만리 통신'은 수만리가 마을 이름이 아닌 아주 먼, 수만리나 떨어진 곳의 소식인 양 반갑고 귀하다. 은사님을 닮고 싶어 몸살을 앓던 소녀가 이젠 중년이 되어 은사님과 같은 방향의 배를 탄 듯해 기쁘지만 조심스러움에 두려움이 크다.

쓰는 게 버겁고 쓰지 않는 게 더욱 고통스러워 잠 못 이루던, 문학소녀라 불리던 그 시절이 이제는 그리운 옛날이 돼 버렸다. 지금도 가슴이 터질 듯한 통증과 시린 결핍감에 갈증만 나는 이 어쭙잖은 시간들에 염증이 나서 다 팽개치고 어디론가 도망치고 싶을 때가 있다.

어느 날인가 내가 행복한 것 같기도 하고 행복하지 않은 것 같기도 한 생각과 씨름하다가 문득 섬처럼 떠 있을 빗속의 수만리를 생각해본다. 아무런 욕심 없이 비를 맞으며 순하게 엎드려 있던 마을의 지붕들, 도랑에 수없이 동그라미를 그리며 떨어지던 빗방울, 짙은 회색빛으로 젖어 있던 내 은사님의 보금자리, 그것들은 멀리서 혹은 가까이서 너무도 아름답고 눈물겹게 내 가슴을 흔든다. 절망으로 다가와 한없이 우울하다가 이처럼 희망으로 반짝이며 빛나기도 하는 여름비는 어쩜, 다채롭게 펼쳐지는 삶의 한 모습인지도 모르겠다.

*수만리 : 전북 완주군 동상면에 위치한 마을.

2. 수빈이

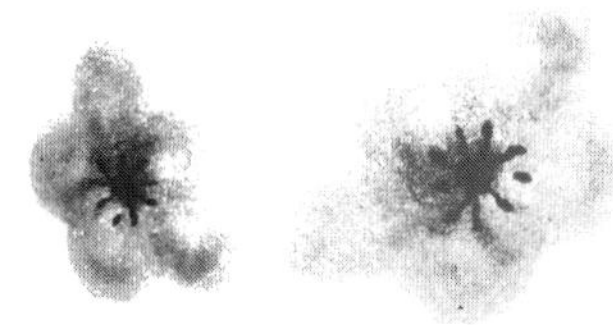

자두 손톱과 모닝커피

잠든 딸아이의 손톱을 보았다. 깎은 지 얼마 안 된 것 같은데 벌써 하얗게 자랐다. 난 손톱깎이를 살갗 가까이에 대고 아주 바짝 잘랐다.

딸애는 아토피 피부염이 심해서 손톱이 조금만 자라면 거의 흉기나 다름없다. 가려움증이 심해 이성을 잃고 긁어대는 바람에 손톱을 짧게 잘라주는 게 무엇보다 중요하다. 딸애는 바짝 자른 손톱을 못 견뎌 했다. 아프기도 하고 허전하기도 할 것이다.

어릴 때 친정어머니가 우리 형제들의 손톱을 항상 살갗 가까이 바짝 자르셨다. 너무 아파서 난 자주 울었는데 그래도 어머니는 습관처럼 여전히 바짝 자르곤 하셨다. 이런 어머니를 핀잔하며 우리들의 손톱을 양쪽만 잘라 가운데를 뾰족하게 한 자두모양으로 깎아 주시던 친정아버지가 생각난다. 5남매 모두를 친구처럼 대하며 키우셨는데 유독 나를 예뻐하고 사랑해주셨던 아버지가 오늘따라 몹시 그립다.

친정아버지가 돌아가신 지도 벌써 10년이 훨씬 넘었다. 당시의 애달픔은 옛사랑의 그림자처럼 희미해져 이젠 눈물도 나지 않는다. 아버지가 살아 계셨으면 80이 다 되셨을 나이시니 옛날 분인 건 분명한데 참 멋진 분이셨다.

아버지는 아침마다 커피를 끓이시고 나를 깨우셨다. 커피 냄새가 코를 간질이면 요술처럼 잠이 달아나곤 했었다. 늦은 결혼 탓에 친정에서 서른이 넘도록 아버지와 살았던 난, 그 아침 커피 냄새에 습관이 돼서 결혼 후에도 오랫동안 아버지가 끓인 커피 냄새를 그리워했다. 커피 향을 피우며 누군가 날 깨워주길 바라며 참 힘들었다. 보수적인 남편에겐 기대할 수 없었던 문화였기 때문인지도 모른다. 후에 아버지가 뇌졸중으로 쓰러지셨을 때는 내가 커피를 끓였다. 아버지는 워낙 커피를 좋아하셔서 쓰러진 후에도 커피는 계속 즐기셨다.

아버지는 장대높이뛰기 선수였었고, 영화를 무척 좋아하셨다. 아버지가 좋아하신 배우는 그레고리 팩과 킴노박이었고, 흑인 맹인가수 레이 찰스를 좋아하셨다. 실제로 〈I can't stop loving you〉를 즐겨 부르시기도 했다.

프림을 넣지 않은 커피, 바삭하게 구운 음식들(빵, 생선, 과자), 고소하면서 비릿한 땅콩, 수밀도, 이런 것들은 아버지가 좋아하신 몇 가지 음식들인데, 내가 그 식성을 그대로 닮은 걸 보면 참 신기한 일이다. 아버지는 이상하게 술을 한잔도 못하셨다. 어머니는 늘 그걸 아쉬워하셨다.

아버지가 좋아하신 것 중 무엇보다 내게 특별히 기억되는 건 여자의 누드사진이었다. 지금 생각해 보면 아버지가 가지고 계셨던 벗은 여자의 사진들은 추하지 않았고, 모습들이 참 아름다웠다. 그 시대만 해도 포즈들이 적나라하지 않아서였을까. 작은 액자에 붙여 걸어 두기도 했었는데 우리 식구들은 그걸 크게 놀라지 않고 자연스럽게 봤다. 아버진 도대체 그 사진들을 어디서 구하셨을까. 아버지의 어머니에 대한 작은 애정 표현들은 우리를 매우 진보적인 사고로 자라게 했다. 이를테면 소파에 앉아 텔레비전을 볼 때 어머니 어깨에 팔을 두르거나 음식을 입에 넣어 주시고, 식탁의 의자를 빼주는 일 같은 작은 것들이었다. 남동생들은 그걸 보고 배웠는지 부드럽고 친절한 남자로 성장해서 아내에게 더없이 다정한 남편들이다.

우리 형제들은 하루일과를 부모님에게 모두 보고하는 걸로 하루를 끝맺었다. 하다못해 학교에서 꾸중들은 얘기까지 다 말씀드릴 정도였으니 좀 유별나긴 했다. 5형제가 하루를 보고하는 우리 집은 언제나 〈나 홀로 집에〉란 영화에 나오는 캐빈 가족처럼 소란스럽고 수선스러웠다. 그런 우리에게 아버지는 정중동靜中動이란 가훈을 써 붙이는 걸로 모든 걸 대신하셨다. 아버지는 너무 자상하셔서 우리를 눈물겹게 하셨다. 레이스 옷을 꼼꼼히 다려 주시고, 생선뼈를 발라주시고, 무거운 건 당신이 다 날라 주셨다.

난 어릴 때부터 아버지를 유독 좋아했다. 마치 어머니가 없는 아이처럼 아버지를 좋아했다. 아버지가 출장가시면 포마드 냄새와 담배 냄새가 나는 아버지의 베개에 코를 박고 아버지를 기다렸다. 아버지는 나와 충주호에서 유람선을 타고 단양과 고수동굴을 여행하고 돌아오다 선착장 휴게실에서 쓰러지셨다. 그 후로 5년 동안 아버지는 어눌한 말과 반신불수의 몸으로 분노와 체념 속에서 힘들어하시다 돌아가셨다. 그 5년 중 나를 결혼시키고, 우리 딸 돌잔치에도 오시고, 몇 차례 벚꽃놀이도 하셨다.

한동안 난 아버지가 너무 그리워 아버지가 입던 하프코트를 내 몸에 맞게 줄여 입고 다녔다. 남편은 기겁을 했지만, 차마 그 코트를 태우지 못하고 아버지에게 안긴 듯 입었다. 시간이란 누구에게나 그렇게 지나가는 것일까. 지금은 그 코트 없이도 잘 지낸다.

내가 낙천적인 성격과 명랑한 정서로 자랄 수 있었던 건 아버지의 특별한 사랑과 유머, 예술적 감성, 다정함, 이런 게 아니었나 싶다. 코끝에 스미던 커피 냄새와 자두 모양의 손톱과 함께 오늘밤 아버지가 몹시도 뵙고 싶다.

딸아이의 손톱이 자라면 다음엔 자두 모양으로 잘라 줘야겠다. 아버지가 내게 그러셨던 것처럼…. 하지만 자두 모양만으로 그 큰 사랑이 다 전해질 수 있을까?

(2003)

유랑의 무리 그리고 대니 보이

서랍장 위에 놓인 일본인형을 가만히 바라보고 있자니 친정어머니 모습이 떠오른다. 며칠 전 친정어머니가 일본을 여행하고 오시면서 외손녀, 그러니까 내 딸에게 사다준 선물이다. 희고 작은 얼굴, 높이 빗어 올린 검은 머리, 그림처럼 차려입은 빨강 기모노, 금방이라도 일본말이 튀어나올 것 같은 도도한 입술까지. 너무 정갈해서 냉기까지 느껴진다. 따뜻함이 없어 보이는 그 인형의 모습에서 난 다시 친정어머니를 본다. 왜, 난 친정어머니에게서 푸근함과 다정함을 못 느끼는 걸까.

대부분의 여자들은 친정어머니 이야기를 할 때면 항상 따뜻하고, 때론 가엾고 애틋해서 눈물겨운 모습으로 표현하곤 하는데 난 그게 잘 안 된다. 어머니와 나의 성격이 너무 닮아서 마찰이 잦은 탓이려니 싶다. 언제나 당당하고 반듯해서 시새움이 느껴지는 어머니였다. 그런 어머니가 싫어서 예전에 난 종종 아버지를 자극하여 어머니를 곤란에 빠뜨리곤 했었다.

"에그, 딸이었으니 망정이지, 저게 시누이였으면……."

그럴 때마다 어머니가 나에게 하신 말씀이다. 물론 어머니에게도 상처가 없진 않았겠지만 그것과는 무관한 사람처럼 어머니는 애처로움이나 가련함을 보이지 않으셨다. 그렇다고 여장부처럼 강인함만 보인 것도 아니었다. 아니, 너무 섬세하고 아름다워서 천생 여자를 느끼게 하는 어머니의 모든 것을 닮지 못한 게 속상할 정도였다. 그리고 머리냄새와 행주냄새가 좀 날망정 푸짐하게 맛있는 음식도 잘 만들어주고 엉덩이도 두드려주는 어수룩한 모습의 어머니였으면 하고 바랐던 적이 많았다.

나는 노래를 지독히도 못 부른다. 그게 꼭 어머니 탓인 것 같아서 어머니를 원망하곤 했었다.

"얘, 난 여학교 때 합창부에서 슈만의 〈유랑의 무리〉를 부른 사람이야!"

"엄마가 〈유랑의 무리〉를?"

거짓말 같진 않아 보였지만 도무지 믿어지지 않았다. 어머니의 목소리는 탁음이어서 음치는 아니라도 노래 실력은 썩 훌륭하지 않은 까닭이다.

살아오면서 내가 어머니를 부끄럽게 생각한 적이 딱 한 번 있다. 고등학교 2학년 때니까 30년도 더 지난 이야기다. 그때는 생활관 교육이라는 게 있어서 2박 3일 동안 생활관에 머물면서 생활 전반에 관한 예절과 음식 만드는 법을 배웠다. 마지막날은 어머니를 초대해 큰절도 올리고 그동안 배운 걸 자랑하는 날이었다. 며칠 못 본 어머니가 몹시 보고 싶었다. 어머니들이 속속 도착하시고 난 조바심을 내며 어머니를 기다렸다. 맙소사! 시간 맞춰 나타나신 어머니의 모습이라니…….

어머니는 판탈롱 슈트에 레이스 블라우스를 갖춰 입고 배우처럼 나타나셨다. 날씬하고 화사한 모습에 눈부신 것도 잠깐, 한복을 조신하니 차려입은 다른 어머니들을 보자 갑자기 우리 어머니가 너무 야단스러워 보여서 부끄러웠다. 지금의 내 나이보다 젊으셨으니, 요즘도 청바지를 입고 다니는 나를 생각하면 별일도 아니건만 그땐 정말 어머니가 싫었다. 판탈롱을 입고 큰절을 받는 어머니의 심정은 어떠셨을까? 그것까진 좋았다. 나를 더욱 난감하게 한 사건이 일어나고 말았다. 게임이 끝나고 노래자랑 시간에 어머니가 지명되셨다. 한사코 사양하시던 어머니가 일어나 당당하게 부르신 노래는 놀랍게도 〈대니 보이〉였다.

"아아, 왜 하필 서양 노래를……."

〈동백아가씨〉나 〈열아홉 순정〉을 부르는 다른 어머니들 사이에서 〈대니 보이〉라니…. 순간 난 어머니가 어디로 사라져버렸으면 좋겠다고 생각했다.

어머니는 뭔가 특별했다. 오밤중까지 책을 읽으시다가 TV심야프로 영화를 보고 아침에 늦잠을 주무신다든가, 어디론가 편지 쓰기를 좋아하셨다. 코사지가 필요한 옷이 많았고 화려한 모자를 좋아하셨다. 뜨개질 솜씨가 뛰어나 옷이나 소품은 웬만하면 직접 만드셨다. 또, 주변엔 항상 꽃을 두셨다.

대개 이렇게 감성적인 사람들이 수가 어눌하기 쉬운데 어머니의 기억력과 암산실력은 놀라울 정도로 정확했다. 덕분에 우린 어머니를 속여 납부금을 두 번 타는 일이란 한 번도 생각해 본 적이 없었다. 어머니가 써오신 30년도 더 지난 가계부를 가끔 보면 기계처럼 정확하여 섬뜩하게 느껴질 때가 있다.

어머니는 우리 형제들이 지혜롭지 못한 걸 제일 싫어하셨다. 그건 남을 불편하게 하고 당신의 자식들이 누구에게든 귀염 받지 못하는 요소라고 생각하시는 것 같았다. 어머니의 가정교육은 끝없는 나무람의 연속이었다. 칭찬보다 혼나는 날이 더 많아 오죽하면 우리 엄마는 계모가 아닐까 생각할 정도였다. 다정하신 아버지가 곁에 있었으니 망정이지 퍽도 쓸쓸할 뻔했다. 그러나 어머니가 나무라시던 일들은 어른이 된 지금도 웬만하면 안 하게 되는 걸 보면 방법은 좀 나빴지만 교육은 확실했던 것 같다.

어머니는 나와 같은 아파트 3층에 사시고 나는 6층에 산다. 친정어머니와 가까이 사는 걸 거의 꿈처럼 여기며 부러워하는 사람들이 많다. 뭐든 부탁할 수 있어 물론 나쁘진 않다. 하지만 친정어머니 가까이에선 영원히 어른이 될 수 없는 게 불편하다. 일흔이 넘었는데도 도무지 노인이란 생각을 할 수 없었던 어머니에게서 요즘은 노파심과 측은함 같은 노인의 정서를 종종 느낀다. 어머니의 기력이 쇠잔해지신 이즈막은 내 심술도 많이 줄어들었다. 언제부턴가 우리 집으로 올라가기 전에 어머니가 사시는 3층을 꼭 올려다보는 습관이 생겼다. 베란다에 가지런하게 널려 있는 빨래를 보거나, 불이 환히 켜 있는 거실에서 가만가만 움직이는 어머니의 모습이 언뜻언뜻 보이면 건강하신 어머니가 너무 고맙다. 오늘 이렇게 어머니 얘기를 쓸 수 있는 건 내가 나이 들어가는 징조라기보다 누구보다 내가 어머니를 사랑했다고 말하고 싶었던 게 아니었을까.

(2003)

수빈이

12세인 수빈이는 초등학교 6학년이다. 늦은 결혼 탓에 골다공증 생길 나이에 얻은 하나밖에 없는 나의 귀한 딸이다.

사내아이처럼 걸걸한 목소리, 못생긴 발가락, 수 개념이 둔해서 수학을 못하고 동動적인 것을 싫어해 바깥놀이를 잘 안한다. 그리고 혼자 있어도 도무지 심심해 하지 않는 성격까지 나를 꼭 닮았다. 참 신기한 일이다.

수빈이는 어릴 때부터 표현력이 좋았다. 세 살 때던가, 교회가 유난히 많은 동네에 살았었다. 저녁에 산책을 나가서 하늘에 온통 불 켜진 십자가가 둥둥 떠 있는 것을 보고 "엄마 하늘에 왜 이렇게 더하기(+)가 많아?"라고 해서 얼마나 웃었는지 모른다. 목욕할 때

때를 밀어주면 "엄마 이거 지우개야?" 하면서 신기해 하다가 샤워기로 몸을 헹궈주면 "엄마 내가 꼭 화분 같다. 엄마는 꽃나무에 물 주고 있는 거 같고."라며 나를 웃겼다. 그러다 갑자기 물 온도가 뜨거워지면 온몸을 뒤틀며 "아이 얼큰해, 아이 얼큰해." 하면서 깔깔대곤 하던 생각이 난다. 난 뜨거운 물로 샤워할 때마다 이 말을 떠올리는데 어찌나 적절한 표현인지 나도 온몸을 뒤틀며 소리치고 싶을 때가 있다. 수빈이의 표현은 매운 찌개를 먹었을 때나 할 법한 말인데 다섯 살 아이가 어떻게 그런 생각을 했을까? 베토벤을 들으면서 곡명은 알려주지 않고 "이거 베토벤이야. 잘 들어봐." 하고 음악을 들려주면 눈을 반짝이며 듣고 있다가

"엄마 조금 있다가 여기서 강아지가 나오는 거야?" 하고 묻는다.

"강아지?"

"응, 비디오에서 나오는 베토벤 강아지."

딸아이는 베토벤이란 강아지가 나오는 비디오를 생각하고 있었던 모양이었다. 얼마나 다섯 살다운 발상인가.

수빈이는 지금 사춘기에 접어든 것 같다. 모든 걸 귀찮아한다. 얼마 전만 해도 무서워서 꼭 닫는 걸 싫어해 반쯤 열어놓고 자던 제 방문을 소리나게 쾅하고 닫고 들어가는 일이 많아졌다. 거울을 유난히 자주 보고 쌍꺼풀이 없는 눈을 볼펜 끝으로 꾹 누르면서 쌍

꺼풀을 만들어 보이며 "엄마 어때? 이게 더 나아?" 하고 묻기도 한다. 분홍색을 유치하다고 싫어하고 고무줄 달린 청바지는 입으려 하지 않는다. 어제는 컴퓨터로 헤어스타일을 여러 개 보여주며 똑같이 자르려 한다고 했다. 내가 마땅찮아서 맘에 드는 게 없다고 고개를 저었더니 제 맘대로 할 수 있는 게 아무것도 없다며 짜증을 부렸다. 제 또래 엄마들보다 내 나이가 열 살은 많다. 수빈이에게 세대 차이를 느끼지 않게 하려고 하다 보니 나름대로 나도 고단하기 이를 데 없다.

수빈이가 좋아하는 가수는 대개가 그룹사운드여서 멤버가 5명 이상은 된다. 노래 제목은 물론이고 그 멤버들 이름을 다 외우고 얼굴까지 기억하고 있어야 한다. 어떤 가수는 생일까지 잊지 않아야 한다. 수빈이는 특히 일본의 락밴드(rock band)들을 너무 좋아한다. 사고 싶은 CD가 있으면 설거지를 하고 수고비로 받은 돈을 모아 그걸 산다. 그런 열정이 대견하기도 하고 위험하기도 해서 마음이 졸인다. CD 사는 돈은 아깝지 않지만 군것질하는 돈이 제일 아깝단다. 그것까지 날 꼭 닮았다.

수빈이는 어릴 때부터 설거지를 무척 좋아했다. 키가 작아 싱크대 앞에 책을 몇 권 쌓아놓고 그 위에 올라가 그릇을 씻곤 했다. 지금은 앞치마까지 입고 야무지게 설거지를 한다. 수빈이가 많이 자랐다는 걸 가장 많이 느낄 때가 설거지할 때다. 아이 하나 낳은 사람은 독하다고 어른들이 늘 말씀하시면 아이가 가엽기도 하고 정말 내가 독한 것 같기도 해서 후회할 때도 많았다. 우리 집은, 썰렁하고 적적한 것을 느끼지 않게 하려고 온 집안에 환하게 불을 켜두고, TV나 오디오도 볼륨을 올리고 내 목소리도 한 옥타브를 올려 좀 소란스러운 분위기를 연출하며 산다. 이런 소란스러움을 차분한 남편은 좀 못마땅해하기도 하지만 그래도 잘 참아준다.

수빈이는 축제를 참 좋아한다. 종이축제, 소리축제, 영화축제, 연극제, 하다못해 벚꽃축제까지 좋아해서 공연장이나 전시장에도 찾아가고 체험공예도 꼭 해봐야 한다. 때로는 야외 공연장에서 밤늦도록 공연을 구경하며 박수를 치고 뻥튀기도 사먹어야 한다. 또 어떤 때는 시끄러운 음악을 들으며 시내 대형 팬시점에서 쇼핑을 하기도 하고 패스트푸드점에서 뮤직비디오를 보며 햄버거도 먹어야 한다. 내가 청바지를 즐겨 입고 캐쥬얼이 더 많은 것도 다 수빈이 때문이다. 생각해 보라. 정장을 입고 햄버거 집에서 뮤직비디오에 맞춰 몸을 약간씩 흔들며 감자칩을 씹고 있을 순 없지 않은가?

수빈이가 골라준 옷에 머리핀까지 꽂고 아이와 어깨를 나란히 하고 때론 팔짱도 끼면서 거리를 걷다보면 정말 젊어지는 느낌이 들고 아이와 똑같아지는 기분이 들기도 한다. 젊은 엄마 노릇하기가 쉽진 않지만 이때만은 참 즐겁다.

외동이는 이기적이고 유별난 아이라는 곱지 않은 시선도 있는데 편견이란 언제나 상처로 작용할 수도 있어 안쓰럽다. 나는 수빈이가 상처로 인해 쓸쓸한 사람이 되기보다 모든 사람과의 관계에서 더 많이 사랑하고 더 크게 배려하고 용서할 수 있는 따뜻한 가슴을 가진 사람으로 자라길 소망한다.

(2002)

명태와 피아노

내게는 나보다 두 살 위인 언니가 있다. 차분하고 사려 깊고 수줍음 잘 타던 언니는 체구가 아담하고 키가 나보다 작았다. 말괄량이로 불리던 난 이런 언니를 언니라 부르기보다 이름을 부르는 때가 더 많아 부모님께 야단맞는 일이 빈번했다. 심술이 나면 그 고약한 버릇이 더 심해져 언니를 힘들게 했다. 괄괄한 나를 못 이기고 언니는 잘 울었다.

언니와 난 참 다른 성격의 자매였다. 외모와 분위기도 안 닮았지만 취미와 음식, 옷에 대한 취향, 머리 모양, 심지어 잠버릇 까지도 너무 달라 혹시 친자매가 아닐지도 모른다는 생각을 종종했다. 지금 생각해 보면 언니는 아버지를, 나는 어머니를 많이 닮았던 것 같다. 언니가 고르는 옷 색깔은 갈색, 베이지, 회색이 대부분이었고 심플한 원피스 아니면 투피스였다. 이런 스타일은 가만가만 움직이며 낮은 목소리로 얘기하는 언니에게 잘 어울렸다. 난 파스텔톤의 밝고 귀여운 색깔을 고르고 디테일이 많은 옷을 좋아했다. 청바지 아니면 판탈롱을 즐겨 입던 나와는 달리 바지를 입은 언니를 본 기억이 거의 없다. 쇼트커트에 청바지를 입은 나와 긴 파마머리에 조신하니 투피스를 입은 언니는 언제나 숙녀와 말괄량이로 구분 되는 모습이기도 했다.

언니는 국물 있는 음식을 뜨겁게 해서 먹는 걸 좋아했고 난 튀기거나 구운 음식을 포크나 나이프 따위로 멋을 내며 먹는 걸 좋아했다. 음악 듣는 걸 보면 우리 자매가 얼마나 다른지 알 수 있다. 언니는 클래식만 들었다. 내가 좋아하는 헤비메탈과 흑인음악을 경멸에 가깝게 싫어했다. 언니와 싸울 때 난 헤비메탈을 최대 볼륨으로 올려놓고 언니를 괴롭혔다. 그럴 때마다 언니는 거의 발작할 듯 신경질을 부리곤 했는데 난 멈추지 않았다. 싸움이 끝난 뒤 언니는 항상 언니다웠고 난 언제나 철없고 민망한 동생이었다.

언니는 클래식 중에서도 특히 피아노곡과 가곡을 좋아했다. 언니의 속내엔 그 곡을 다 연주하고 싶은 욕심이 있었던 것 같다. 그때만 해도 우리 읍내엔 피아노 레슨 하는 데가 한 곳밖에 없었다. 동네 끝 꼭대기 집이었는데, 피아노 선생 오빠가 월남전에서 전사했는데 그 보상금으로 피아노를 샀다는 소문이 있던 집이었다. 가로등도 없이 깜깜한 밤에도, 눈이 오고 비가 내려도 언니는 피아노 레슨을 빠지지 않았다. 드디어 우리 집에 반짝반짝 윤이 나는 검은색 마호가니 피아노가 들어왔다. 지금은 피아노가 기본 가구(?)이고 피아노 치는 게 교양이라고 하지만 1970년대는 집에 피아노가 있다는 건 굉장히 자랑스럽기까지 했던 때였다. 언니가 치는 〈소녀의 기도〉나 〈엘리제를 위하여〉를 듣고 있으면 온몸에 쥐가 난 듯 전율이 일곤 했었다. 이런 언니가 위대해 보여 나도 바이엘을 연습했지만 지금 유일하게 기억나는 건 바이엘 66번뿐 이다.

그때나 지금이나 난 악기엔 지독히도 소질이 없다. 결국 피아노는 배우지 못하고 듣는 걸로 만족했다. 그즈음 군청에 다니던 언니는 음악감상 동아리에서 클래식 기타도 배우고 가곡도 들으면서 악보를 집으로 가져와 우리에게 들려주곤 했다. 그 중에서도 내가 열광했던 곡은 바리톤 오현명이 부른 〈명태〉였다.

… 어떤 외롭고 가난한 시인이/밤늦게 시를 쓰다가 쐬주를 마실 때(카아)/그의 시가 되어도 좋다/그의 안주가 되어도 좋다. 짜악 짝 찢어지며 내 몸은 없어질지라도/내 이름만은 남아 있으리라/명태, 명태라고 이 세상에 남아 있으리라.

양명문의 시가 너무 좋아 이후 〈명태〉는 내 최고의 애청곡이 되었다. 음향기기가 흔치 않던 그 시절에 직직대던 LP로 팝송이나 〈명태〉

를 듣던 그때의 문화적 충족감이란 지금의 그 무엇과도 비교할 수 없는 근사한 일이었다. 어릴 때부터 음악을 폭 넓게 들을 수 있도록 모든 감성과 귀를 열어준 우리 언니가 아니었으면 지금쯤 난 사막처럼 건조하고 삭막한 가슴으로 푸석한 삶을 살고 있지 않을까.

그 옛날, 작은 몸집의 언니가 키 큰 피아노 앞에 앉아 연주하던 슈베르트의 〈홍수〉나 변훈의 〈명태〉가 문득 그리운 건 말괄량이 그 시절로 돌아가고 싶은 간절함 때문인가.

흔들의자

흔들의자에 앉아 딸아이가 음악을 듣고 있다. 예전에 내가 그랬던 것처럼……. 앉아 있는 모습이 너무나 우아해서 혹시 우리 딸이 전생에 왕비가 아니었을까 잠시 엉뚱한 생각을 했다.

흔들의자는 칠도 벗겨지고 흠집도 많이 생겨 이제 낡은 의자가 되었지만, 손때가 묻어 정겹고 안락한 건 변함이 없다. 이 의자가 놓여 있지 않은 거실 한쪽은 한 번도 생각해 보지 않았다. 그러고 보니 흔들의자가 거실 한쪽에 놓인 지도 벌써 13년이 지났다.

딸아이를 가졌을 때 참 힘들었었다. 앉아 있어도 누워 있어도 힘이 들었다. 어떤 자세도 편하지가 않았다. 어느 날 남편이 나가더니 이 흔들의자를 사왔다. 열 군데도 더 다니며 골랐다고 했다.

등나무로 만든 갈색 의자였는데 그 안락함에 너무 감격해서 울었던 기억이 난다. 의자에 앉아 있으면 마치 따뜻한 물속에 앉아 있는 듯 편안하고 노곤했다. 무뚝뚝한 남편의 마음이 다 표현된 듯해서 의자에 앉을 때마다 참 행복했었다. 흔들의자에 가만가만 흔들리면서 책을 읽거나 음악을 들으며 창 밖을 보곤 했다. 그 때 뱃속의 아이도 이 행복함을 알았을까? 후에 딸아이가 태어났을 때 거의 이 의자에서 자랐던 것 같다. 의자에 앉아 우유를 먹이고, 책을 읽어주며, 어르고 재웠다. 아이는 흔들의자에 앉아 TV를 보고 목마를 타듯 의자를 앞뒤로 구르며 놀았다.

어느 날인가 아이가 없어졌다. 아무리 찾아도 없었다. 나간 일도 없고, 내보낸 적도 없는 아이가 집안에 없는 게 너무도 황당하고 놀라서 아이 이름만 불러댔다. 한참을 찾다 흔들의자에 놓인 무릎덮개를 들춰보니 아이가 그 곳에서 새우처럼 오그리고 자고 있었다. 아이는 그만큼 작았고 의자는 그만큼 넉넉했다. 지금 공주처럼 흔들의자에 앉아 편안하게 음악을 듣고 있는 아이가 의자에 가득 차 보인다. 참 많이 자랐구나 싶다. 의자가 너무 구식인 것 같아 새로운 분위기의 의자로 바꿔볼까 몇 번 생각했지만 끝내 바꾸지 못했다. 둥지처럼 여기던 의자를 버린다고 생각하니 마치 우리의 추억과 행복이 몽땅 사라지기라도 하는 것처럼 내키지 않았다.

딸아이는 저 의자에서 무엇을 느낄까? 단지 안락하고 편안한 가구의 기능만 생각하는지도 모른다. 사람에게 편안함과 안락함을 주고 때론 희생의 의미로 상징되기도 하는 의자란 얼마나 겸손하고 숭고한 존재인가. 우리 집 흔들의자가 우리 가족을 행복하게 했듯이 딸아이의 삶도 남에게 행복을 주고 위안을 주는 의자를 닮았으면 좋겠다. 의자 같은 겸손함을 가지고 욕심 없이 세상을 살아간다면, 그때의 평화야말로 흔들의자에 앉아 있을 때보다 더 안락하고 충만하지 않을까.

나는 소망한다. 나무의 일생을 의미하기도 하는 의자의 교훈이 딸의 삶에 자양분이 되어 자기 자신보다 남의 행복을 위해 봉사하고 나누며 기뻐하는 사람으로 성장하기를-.

(2003)

작엄마

난 친정 작은어머니를 작엄마라고 부른다. 작은어머니를 대할 때마다 정답고 편안해서 한껏 어리광을 부리고 싶은 마음이 다급해져 다섯 자를 다 못 부르고 이렇게 석 자만 부르는 것이다. 중년이 넘은 나이에도 이걸 고치고 싶은 생각은 없다. 그리고 모든 걸 다 받아 주시는 작은어머니에게 이 호칭은 더 없이 잘 어울리신다. 가령 작엄마를 짧고 빠르게 부르면 장난치며 어리광을 부리고 싶을 때고, 길고 느리게 부르면 뭔가 하소연하고 위로받고 싶을 때다. '작' 자의 강약과 길고 짧음에 내 기분이 다 들어 있어 내가 부르는 소리만 들어도 그야말로 내 기분을 다 아는 듯 작엄마는 크게 웃어주고 나지막이 날 위로하셨다.

작엄마 슬하엔 아이가 없다. 다시 말해서 내 사촌이 없는 것이다. 작은아버지 생전엔 사촌이 없는 게 그다지 큰 문제가 되진 않았다. 두 분이 워낙 아이 없는 생활을 조화롭게 잘 지내셨기 때문에 무자식 상팔자란 말이 썩 어울리는 듯싶었다. 작엄마 집엔 많을 땐 개가 여덟 마리나 있었다. 여러 종자의 개 중에서 먼디란 이름의 요크셔테리어가 작엄마의 사랑을 독차지하고 있었다. 먼디는 〈빨강머리 앤〉에 나오는 월요일에 태어난 고양이 이름을 빌려 지은 걸로 안다. 어느 날 먼디가 없어졌다. 현관문을 잠시 열어놓은 사이에 없어진 먼디는 아마도 누군가가 계획적으로 데려간 게 확실했다. 그렇지 않고서야 그 극진한 사랑을 마다하고 집을 나갈 만큼 먼디가 바보스런 개가 아니었던 걸로 나는 기억한다. 당시 작엄마의 상심한 모습을 생각해 보면 무자식 상팔자가 아니라 무자식은 상처가 분명했다. 작엄마에게 아이가 있었으면 개를 그토록 눈물겹게 그리워하진 않았을 것이란 생각도 든다. 그 즈음 난 작은아버지의 조카이기보다 작엄마의 딸이자 친구이자 때론 귀찮은 시댁 조카이기도 했다.

병하곤 상관없어 보이시던 작은아버지께서 갑자기 폐암으로 세상을 떠나셨다. 작은아버지가 안 계시고 사촌도 없는 작엄마의 시간은 다른 사람의 두 배, 세 배로 힘들게 흘러갔다. 고인 물 같은 작엄마의 시간 속엔 결혼한 내 존재는 큰 위안이 못 되었다. 작엄마가 좋아했던 리스트의 〈위로〉란 피아노 곡만큼도 위로가 되지 못했던 게 지금도 항상 미안하다. 시간은 그렇게 가는 것일까. 세월이 약이 될 즈음 작엄마가 재혼 소식을 전해왔다. 다리가 후들거리고 섭섭한 마음과 허망함에 잠시 혼란이 왔다. 우리 작엄마가 다른 사람의 엄마가 된다고 생각하니 너무 아깝고 야속했다. 아니, 다른 사람의 엄마가 되면 더 이상 우리 작엄마가 될 수 없을 거란 생각 때문이었을 것이다. 사촌이 없었기에 더 염려되는 부분이었는지도 모른다. 왜 하필 고생스럽게 아이가 넷이나 있는 집일까. 나중엔 섭섭함은 그만두고 걱정스럽기까지 했다. 혹시, 작엄마가 평생 원한 게 아이들이 아니었을까. 별안간 여덟 마리의 개를 먹이고 목욕시키며 개들의 뒤치다꺼리를 즐거이하시던 작엄마의 모습이 떠오르며 모든 게 이해되었다.

작엄마의 새 식구들은 모두 평화롭고 고요했다. 배우자 분은 교직에 계셨는데 작엄마의 처녀시절 직장 동료 선생님이셨다. 공유할 추억이 있어 얼마나 다행인가. 꽃나무와 동물을 좋아하신다고 했다. 꽃과 동물을 좋아하는 사람치고 심성 나쁜 사람을 별로 본 적이 없는 나로선 안심이었다. 무엇보다 아이들이 사랑스러웠다. 넷 모두가 있는 듯 없는 듯 조용하고 온유하다고 했다. 이 세상에 한결같은 사람이 있다면 그건 아마 우리 작엄마일 것이다. 함부로 감정의 기복을 내보이지 않아 누구에게도 불편함을 주지 않던 작엄마가 누릴 만한 행운이다. 훈장처럼 귀한 딸 둘과 아들 둘 덕분에 뭐든 될 수 있는 작엄마가 너무 자랑스럽다. 장모님, 시어머니, 외할머니, 친할머니, 사위, 며느리, 외손자, 친손자, 자식이 없으면 절대로 불릴 수도 불러 볼 수도 없는 이러한 호칭들이 얼마나 보배로운지 작엄마의 선택에 경의를 표한다.

가끔 내가 전화했을 때 행복한 작엄마는 저녁을 준비하신다. 그럴 때면 예전에 작엄마가 끓여주시던 담백한 팽이버섯국이나 고소한 청어구이 냄새가 전화기를 통해 거짓말처럼 맡아진다. 오렌지빛 전등이 켜져 있던 부엌의 훈훈함 까지…. 어느 땐 전화를 안 받으신다. 난 걱정하지 않는다. 아마 성당에서 봉사활동 중이시거나 여행 중이실 것이다. 누가 뭐라고 해도 난 지금도 그냥 작엄마라고 부른다. 옛날부터 우리 작엄마였고 앞으로도 작엄마는 나의 작엄마일 테니까.

황혼 레스토랑

"고객님의 전화가 꺼져 있어…." 기계 속에서 흘러나오는 여자의 사무적인 목소리가 오늘따라 야속하게 들린다. 무정한 것! 음성 메시지를 남기라고 여자가 자꾸 재촉한다. 무표정하고 메마른 목소리로 기계에 대고 말하는 게 왠지 내키지 않아 전화기를 닫아 버린다. 야속한 것!

벌써 이틀째다. 아무리 생각해도 이해할 수가 없었다. 아니, 이해할 순 있어도 받아들이기가 쉽지 않았다. 수학여행을 떠난 딸에게서 전화 한 통 없이 이틀이 지나버린 것이다. 특별한 용건이 없으면 무뚝뚝한 딸의 성격에 전화 안 할 수도 있다고, 친구들과 어울리다 보면 잊어버릴 수 있을 거라고 내 자신을 가만가만 다독여

보지만 이럴 수는 없지 싶다. 전화를 못 받는 것도 아니고 꺼져 있다는 것은 받지 않겠다는 의지가 더 많다는 얘기가 아닌가. 잘 도착했다는 안부전화라도 있어야 될 것 같은데 그것마저 없으니 딸애의 무심함에 야속한 걸 떠나서 괘씸한 마음까지 들다가 이제는 불안하기까지 하다.

"무소식이 희소식이야. 너무 걱정하지 마."

"그동안 엄마한테 질렸나 보다. 해방감 때문에 숨어 버렸을지도 모르지. 아님, 배터리가 다 됐든지……."

"공중전화 있잖아."

"요즘엔 핸드폰 때문에 공중전화 찾기도 힘들다더라."

"열네 살 땐 친구들과 어울리다보면 잊어버릴 수도 있어."

딸애의 야속함과 걱정을 주변에 하소연하면 사람들은 이런 식으로 질책하고 위로하려 든다. 내가 절 그렇게 구속했던가. 남편도 섭섭하기는 나보다 더하면 더했지 덜하진 않은 것 같다.

"애한테 전화 왔었어?"

"전화는 무슨…. 다 소용없어!"

너구리라도 잡을 듯 담배를 피워대며 컴퓨터 게임에 몰두해 있는 남편의 옆 얼굴이 좀 허망해 보인다.

아이란 얼마나 활력소인가. 딸아이가 없는 집안이 바닷속처럼 가라앉아 적막하다. 아이가 집에 있을 때는 급한 나머지 뒷걸음이 쳐질 듯 퇴근길이 조급하고 황망하더니 시장 보따리도 없는 퇴근길이 벌써 이틀째다. 그동안 사 날랐던 것들이 모두 아이 것인 양 살 것이 없었다. 천천히 해찰하며 걸어도 시간이 남는다. 아침에 부산 떨 일도 없고, 기름 냄새 풍기며 구워낼 음식도 없고, 모터 소리 요란하게 갈아낼 주스도 필요없다. 아이가 벗어놓고 간 잠옷에 코를 묻고 냄새를 맡아보고 어질러진 책상도 꼼꼼히 정리해본다. 아이가 두고 간 CD의 〈황혼 레스토랑〉이란 노래 제목에 눈길이 머문다. 훗날 우리 부부의 쓸쓸한 모습 같아 잠시 마음이 헝클어진다.

딸애가 야단스럽게 우리를 즐겁게 한 것 같지도 않은데 그 애가 집에 없는 지금, 정전이라도 된 듯한 이 단절감은 아이가 하나라서 일까. 결혼해서 아주 떠나가 버리면 그 상실감을 어떡할 거냐고, 지금부터 냉정해지라고, 과잉보호에 애가 지친다고 친구들은 핀잔이다. 그 때는 내가 무뎌지든지 딸애가 철이 들든지 하겠지. 오지 않는 전화를 기다리는 마음이 섭섭하고 초조해서 약간 빈정대는 내용의 문자 메시지를 보내본다.

'그렇게도 재밌니? 전화 할시간도 없이……'

내 행동이 어이없어 쿡 웃음이 나온다. 그래, 전화 못할 수도 있겠지. 그게 너의 상황일 뿐이지 진실은 아니겠지. 그리고 난 너를 사랑하고 그 마음이 이토록 충만한데 그깟 전화 한 통이 뭐 그리 중요하다는 말이냐. 무사하기만 해다오.

오늘은 아이가 돌아오는 날이다. 이부자리 깨끗이 빨아놓고, 벗어두고 간 옷을 다 빨아 널었다. 딸애가 좋아하는 〈황혼 레스토랑〉을 몇 번이나 반복해서 들었지만 출근시간이 한참이나 남았다. 창밖을 보니 멀리 보이는 과수원에 배꽃이 구름처럼 하얗다. 혼자 끌어안는 이 고요와 적막이 여유와 이완된 감정이라고 생각하니 그다지 나쁘진 않았다. 딸애가 집 떠난 사이 봄이 다 떠나가 버린 듯 햇볕이 따사롭기보다 덥게 느껴진다. 해질 녘 지쳐 돌아올 딸애를 위해 차가운 딸기주스와 기운 나는 닭튀김이라도 준비해둬야겠다.

(2004)

아버지의 이름으로

묘지 입구에 별 무더기처럼 찔레꽃이 하얗게 피어 있었다. 침이 고였다. 어릴 적 찔레 순을 따먹던 달콤한 상상으로 찔레 순을 땄다. 연했다. 너무 연해서 안쓰러웠다. 잘근잘근 앞니로 끊어 낸 찔레 순엔 단맛은 없었다. 쇠어 버린 탓인지 삘기도 질기고 텁텁했다. 유년의 단맛들은 다 어디로 가버린 걸까. 혀끝에 감도는 풋내는 낯설었다. 쇠어서 활짝 핀 삘기가 흡사 억새같이 하얗게 바람에 수런거렸다. 그러나 가을 억새처럼 바람에 포개지며 눕진 않았다, 다만, 저 혼자 쓸렸다 곧추섰다. 삘기 위로 쏟아지는 햇빛이 바람과 흩어져 묘지 주변이 은빛으로 빛났다. 어린 날 들판을 헤맬 땐 좀처럼 눈에 띄지 않던 삘기가 그리움 탓인지 늙어가는 눈엔 지천이었다.

친정아버지 묘지엔 유난히 바람이 많았다. 떼가 잘 자라지 않던 것도 아마 바람 탓이었을 것이다. 바람이 되어 끊임없이 아버지를 흔드는 것은 무엇일까. 혹시 이 세상에 대한 미련 같은 건 아니었을까. 그랬을지도 모를 일이다. 아버진 마지막을 쉽게 맞이하지 못하셨다. 며칠이고 정신을 놓았다 붙잡았다 하시면서 우리를 안타깝게 했다. 멀어서 깊은 선산을 마다하시고 공원묘지에 묻히고 싶어 하신 것도 그 때문이었는지도 모른다. 덕분에 우리는 소풍삼아 성묘를 자주 한다. 무덤을 향해 아버지와 밀린 얘기를 하며 커트 칼과 가위로 벌초(?)를 한다. 잠깐이면 아버지는 말끔해지신다.

운명하신 아버지의 차가운 이마를 만지며 울던 때가 얼마 전 같은데 벌써 15년이란 세월이 한줄기 바람처럼 허망하게 지나가 버렸다. 비석 옆에 서 있는 키 작은 측백나무가 그 세월을 다 껴안고 있었다. 책갈피처럼 서러운 세월을 간직하고 있는 나무는 연둣빛의 새잎을 피워내며 또 한 해를 끌어안을 것이다. 면도하고 났을 때의 아버지의 턱처럼 푸르스름하고 정갈해진 무덤을 쓸면서 아버지에게 나직나직 내 주변 얘기를 한다. 아버지가 다 들으시고 답하시는 듯 측백나무에 작은 바람이 일렁인다.

남동생이 담배에 불을 붙여 상석 위에 놓았다. 작은 돌멩이를 고여 담배는 꺼지지 않고 잘 타들어갔다. 아버지는 담배를 즐기셨고 난 아버지 옷이나 베개에서 나는, 담배 냄새를 좋아했다. 그래서인지 지금도 누가 피우든 담배냄새는 그럭저럭 잘 맡는다. 잡초 사이로 낮게 퍼지는 담배연기가 아버지 냄새로 맡아졌다. 죽음은 모든 걸 포기하고 놓아버리는 것이리라. 아버지가 놓기 어려웠던 것 중에 담배도 있었을까. 난 타들어가는 긴 담뱃재를 손가락으로 탁탁 쳤다. 바람으로 인해, 아버지가 진짜 피우기라도 하는 듯 담배는 알맞은 속도로 태워졌다. 순간, 젊은 아버지가 담배연기로 만들어내던 동그라미가 무수히 떠올랐고 그 동그라미를 향해 손뼉을 치던 어린 내 모습이 잠시 나타났다 사라졌다.

시간이란 그렇게 흘러가는 것일 것이다. 견딜 수 없는 걸 견뎌내는 것, 포기할 수 없는 것을 포기하게 되는 것, 지독하게 사랑했던 것들이 희미해지는 것, 애증이 삭아지는 것, 그런 것들이 시간일 것이다. 필터 부분까지 담배가 탔다. 난 힘주어 담배를 비벼 껐다. 마치, 잊혀질 앞으로의 시간들을 부정하듯.

친정에 들렀다 가는 듯 비석을 만지며 짧게 작별했다. 아버지의 손사래인가? 책갈피 같은 측백나무 잎에 다시 바람이 인다. 모든 것들이 바람에 흔들리고 있었는데도 이상하게 세상이 정지된 듯 고요했다. 장례식날 울며 울며 오르던 이 기슭을 지금은 울지 않고 내려온다. 생전의 아버지는 내가 무슨 일에든 상처받고 힘들어하고 아파하는 걸 못 견뎌 하셨다.

아버지는 내 꿈속에만 자주 오신다. 어머니는 이런 아버지가 매정하다고 섭섭해 하신다. 젊은 날 흑백 사진 속의 모습처럼 단정하고 가지런한 모습으로 오신다. 오셔서 아무 말 없이 그냥 내 주변에 계시다가 가신다. 험한 모습이 아니어서 참 다행이다. 고인의 모습이 꿈속에 보이면 조심할 일이 생긴다는데 오히려 난 아버지를 뵙고 난 후는 모든 일이 순조롭고 좋은 일이 생긴다. 그래서 어려운 일이 생기면 꿈속에 아버지가 오시길 기다릴 때도 있다. 유난하던 그 사랑을 가슴에 묻고 이젠 울지 않는다. 노랗게 무리지어 피어난 꽃 이름을 궁금해 하며 냄새도 맡아보고 연한 나뭇잎 색깔에 취해 해찰도 한다. 물론 웃기도 한다.

(『문협』 53호)

큰 벚꽃나무

딸이 고등학생이 되고 처음 맞는 어버이날이다. 딸은 종이로 만든 카네이션 다발을 사다가 벽을 장식했다. 생명력은 없지만 장애인들이 만들어 파는 것이라 정성이 예뻐서 샀다고 했다. 나도 딸의 마음이 예뻐 크게 기뻐했다.

《그래서, 당신》. 어버이날 딸이 선물한 김용택 시집이다. 간결한 시들은 오히려 많은 말을 하고 싶었던 시인의 마음이 느껴져 가슴이 더워졌다. 강이 키워 낸 시인의 속내는 언제나 사랑 때문에 들끓듯 뜨거웠다. 딸은 작년부터 어린이날 선물을 받지 않는다. 덕분에 난, 어린이날 날씨에 신경 쓰지 않아도 됐고 짜증스럽게 치킨을 기다리지 않아도 됐다. 한순간에 커버린 딸이 아쉽고 대견했다.

큰 벚꽃나무 당신은 이 계절을 품을 때마다 어떤 추억을 우리들에게…….

핑크빛 꽃잎이 아름답게 몸에 감겨 바람에 의지해요.

만날 수 없는 날은 와요.

그렇지만 어딘가에서 기다리고 있어요.

아름답게 늘어서 있는 모습이

다정하게도 내 맘에 번져 뜨겁게 하네요.

큰 벚꽃나무 당신이 이 계절에 울 때마다 어떤 추억을 우리에게…….

딸은 요즘 이 노래만 듣는다. 딸이 좋아하는 일본 가수의 신곡인 것 같다. 처음 듣는 곡인데도 오래 들어온 노래처럼 귀에 익숙한 게 들을 만했다. 내가 관심을 보이자 딸은 이 노래가 만들어진 내력을 설명해주며 노래를 몇 번이나 들려준다. 가수 겸 작곡가는 편찮으신 어머니를 모시고 벚꽃 구경을 하던 중 살아서 몇 번이나 아들과 벚꽃을 더 볼 수 있을까 탄식하는 어머니를 위로하며 이 노래를 작곡했다고 한다. 노래 제목은 〈큰 벚꽃나무〉였다. 생소하고 상징적인 가사이긴 해도 간절하고 애잔한 멜로디는 우리네 정서와 거의 비슷했다. 어머니를 사랑하는 마음은 어느 나라건 크게 다르진 않은 것 같았다. 딸은 이 노래를 들을 때마다 안구에 습기가 찬다고 표현했다 눈물겹다는 얘기일 것이다.

그 저녁. 선물이 하나 더 있다며 딸이 날 소파에 앉게 했다. 그리고 노래 부르기 시작했다. 내게 바치는 듯 부르는 노래는 큰 벚꽃나무였다. 남자 가수가 부르는 노래여서 분위기는 약간 달랐지만 쥐가 날 듯 가슴이 저리는 건 똑같았다. 이런, 이런, 나도 안구에 습기가 차는 듯했다.

"엄마에게 들려주려고 계속 연습했어……."

노래를 끝내고 딸이 웃었다. 그 웃음이 너무도 환해서 주변이 한층 더 밝아지는 듯했다. 자식을 키우는 일은 정을 떼는 작업이라고 말하던 친구의 말에 공감하던 내 생각에 잠시 혼란이 왔다. 사랑하면 할수록 실망스럽고 섭섭하고 노엽고 외로워지는 게 자식과의 관계인지도 모른다. 사랑이 깊어지면 외로움도 깊다고 노래하는 유행가 가사야말로 부모 자식 간의 진실이 아닐까. 상처 받으면서도 사랑 할 수밖에 없는 나의 피투성이 연인은 아마도 내 딸일 것이다. 그 기묘한 관계는 딸이 내 살 속에서 살기 시작했을 때 이미 결정지어졌는지도 모를 일이다.

부모와 자식은 처음부터 이완된 사이라 그냥 타성에 젖어 함부로 굴다 보면 서로에게 상처를 주는지조차 모르고 있는 듯하다. 마치 장갑을 끼고 있으면, 그 보호받는 안일함 때문에 마음 놓고 뭐든 할 수 있는 것처럼 말이다. 더러운 것도 스스럼없이 만지고 뜨거운 것도 겁없이 집어 들고 추운 곳에서도 안심이 되듯, 부모란

존재는 언제나 만만하고 큰 의지가 되는 게 아닐까. 다만 그게 고무장갑이나 비닐장갑일 수도 있고 방열 장갑과 털장갑으로 분류될 수 있을지 모르지만 손을 안전하고 따뜻하게 보호할 수 있는 역할은 똑같은 것 같다. 세상의 부모 들이 제각각의 모습으로 자식들을 지키고 키워 내고 있듯이 말이다.

그러나 어디 상처만 주는 게 자식이겠는가. 품안에서 꽃처럼 위안을 주고 축복받은 인생임을 느끼게 해주는 것도 자식이라는 걸 우리는 너무도 잘 안다.

'한 발짝 뒤에서 나이 드신 분들의 등에서 넘치는, 감출 수 없는 감정을 온몸으로 받아들이며.' 〈큰 벚꽃나무〉를 작곡했다는 가수도 그의 어머니에게는 축복과 위안일 것이다. 시집을 선물하고 새로운 노래를 연습해 엄마란 한 사람의 관객을 위해 노래 부르는 우리 딸도 이미 내 인생의 축복이다. 누군가를 미치도록 행복하게 하는 것도 죄라면 내 딸은 분명 종신형일 것이다.

3. 음악 없이 춤추기

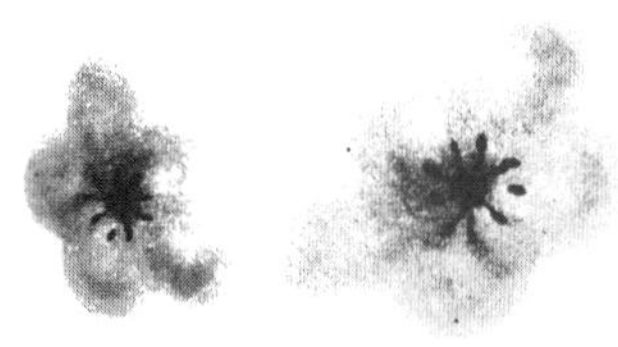

호박색의 발라드

코트 색깔이 아무래도 무리인 듯하다. 봄을 위해서라는 명분이 긴 했지만 노란색은 역시 내 나이에 좀 과분한 색깔인 것 같다. 코트를 가슴에 대고 거울 앞에서 얼마를 망설이다 내린 결론은 입어야겠다는 쪽이었다.

난 노란색을 좋아한다. 이건 너무 오래된 취향이기에 색깔이 필요한 물건이나 생활용품을 고를 땐 망설임 없이 노란색을 집어 든다. 다만 옷은 예외다. 그건 내 의지와 상관없이 나이가 거절하는 부분이다. 내게 노란색을 띤 황색 계열의 옷이 많은 것도 노랑에 대한 열망이 아닌가 생각한다. 하지만 이번 코트는 내 인생에서 마지막 입어보는 노란색일지도 모른다는 생각으로 젊은 날의 옷처럼 개나리 노랑에 가까운 색으로 골랐다. 찬란한 햇빛 속에서 노란색은 희망처럼 빛날 것이고 노란색 코트를 입은 내 모습은 다소 어색해 보일 것이다. 그러나 시간은 날 스무 살 적으로 다시 끌고 갈지도 모를 일이다. 호박색이 아닌 개나리색 그 시절로….

무슨 색깔을 좋아하세요? 좋아하는 색깔이 뭐예요? 이건 예전에 펜팔이나 미팅에서 취미와 함께 빼놓지 않고 상대방에게 꼭 하는 질문이기도 하다. 지금도 이렇게 묻는 사람이 있는지 모르겠다. 난 노란색이 좋다. 소녀 적엔 노란색을 좋아한다고 말하면 질투심이 많고 이별의 아픔이 있을 거란 얘기를 자주 들었다. 그러나 꼭 그런 것만은 아니다. 노란색은 귀엽고 사랑스러우며 밝고 명랑해서 꿈이 많은 색이라고 어디선가 읽었다. 적절한 표현인 것 같다.

집안에 노란색의 소품을 두면 따뜻함과 수런거림이 느껴져 좋다. 노란 스탠드에서 번지는 안정된 레몬 빛은 고단한 하루 일과를 마친 뒤 모든 평화를 머리맡에 두고 잠들게 한다. 벽에 걸린 노란 전화기 속의 대화는 사랑과 달콤함으로 혹은 권태와 지리멸렬로 나른하다. 노란 수선화의 보태니컬 액자는 순결하고, 붉은 튤립이 가득 꽂힌 노란 바구니는 귀족처럼 도도하다. 또 있다. 노란색의 걸레박스, 가장 하찮게 느껴지는 걸레까지도 노란색에 담아두면 구질구질함이 없어져 개운하다.

고흐가 그린 〈노란 집〉이라는 그림을 가만히 보고 있으면 노란색이 얼마나 행복한 색인지 느껴진다. 고흐는 노란색을 가장 좋아했다고 한다. 햇빛이 잘 들고 음식도 맛있는 이 집에 만족한 고흐는 이 집을 '노란 집' 이라고 불렀고 그의 생애 가운데 실제로 가장 행복한 시기를 보낸 것도 이 노란 집에서였다고 한다. 고흐의 화집을 보면서 항상 느끼는 거지만 평생 불우했던 그가 그래도 행복했던 시절에 그렸던 그림은 대체로 노란색을 많이 쓰고 있다는 것이다.

노란색은 사랑의 빛이며 따뜻한 기운이다. 노란 우산을 든 유치원생은 귀엽고, 노란 머리핀을 꽂은 소녀는 상큼하다. 노란색 옷을 입은 남자는 로맨틱해 보이고, 노란색의 로고는 신뢰감을 준다. 노란색은 희망적이고 부드러워서 삶을 풍요롭게 한다. 그런데도 유독 나이에 제한된 색깔이기도 하다.

노란색이 지치면 호박색쯤 되는 걸까. 호박색은 염치가 있어 보여 민망하지 않다. 삶이란 이런 건지도 모른다. 적극적이고 확실하게 펼쳐지다가 어느 때쯤이면 호박색의 애매함과 조신함으로 주춤해지는 것처럼 말이다.

희망처럼 걸려 있는 내 노란 코트가 왠지 민망하고 염치없어 보이는 건 결핍된 자신감인가, 아니면 나이 탓인가. 생각해보면 호박색의 위안도 그리 나쁠 건 없어 보인다. 오래 삭히고, 뭉근하게 끓이고, 차분하게 걸러졌을 때 나오는 멸치젓 색깔도 호박색이 아니던가. 청둥호박이 주는 풍요로움과 이로움은 그 색깔만으로도 충분히 느낄 수 있다. 내 개나리색의 노란 코트를 호박색으로 입어낸다면 난 그냥 호박색의 코트를 입는 게 될 것이다. 호박색이 가지는 그 푸근하고 넉넉함까지 함께…….

맨발과 안경

내 발가락은 지독히 못생겼다. 아니, 그 못생긴 발가락에 대한 내 콤플렉스가 더 지독한지도 모르겠다. 오죽했으면 내가 시집올 때 이모 한 분이 아기 둘 낳을 때까지 남편 앞에서 절대로 양말을 벗지 말라고 당부하셨을까.

결혼 초 실제로 난 삼복더위에도 양말을 꼭 신었었다. 남편은 정말 내 발가락을 본 적이 없는 사람처럼 발가락 얘기는 한 번도 꺼낸 적이 없다.

이런 이유 탓인지 유독 난 맨발이 주는 자극적이고 자유분방한 모습을 좋아한다. 가령, 무대 위에서 집시처럼 거의 맨발로 공연하는 여자 가수라든지, 맨발로 빗속을 걷는 도발적인 영화 장면들,

혹은 맨발로 춤을 추는 퇴폐적인 분위기의 어떤 여자라도 나를 전율하며 열광케 한다. 내 것을 드러내놓을 수 없는 열등감 때문인지도 모른다.

올 여름, 난 맨발로 살기를 작정하고 못생긴 발가락을 적당히 가려주는 디자인의 샌들을 샀다. 아아, 그 부드럽고 달콤한 자유로움이라니…….

잔디밭, 모래밭, 카펫, 윤나는 마루, 이런 곳은 맨발과 얼마나 잘 어울리는 곳들인가. 모든 규율과 굴레를 벗어 던지듯 양말을 벗어버리고, 가장 원초적인 쾌감에 젖어 있다 보면 녹록지 않은 세상살이가 갑자기 만만해 보이기까지 한다. 그래, 못생긴 발가락쯤 누가 본들 어떠랴. 영혼도 아닌 부끄러움을 팔아 이처럼 몽환적인 자유를 사는 것도 괜찮다 싶었다.

내가 안경을 쓴 지도 벌써 30년이 넘었다. 예전엔 안경을 쓴 자체가, 특히 여자에게는 장애처럼 생각되었었다. 영화나 드라마에서는 까다롭고 편안하지 못한 여자를 상징할 땐 꼭 안경을 낀 채 등장시키곤 했다. 딱딱하고 권위적인 기숙사 사감들, 원리 원칙을 고수하는 원장수녀, 분석하기 좋아하고 따지기 잘하는 노처녀, 이런 사람들은 반드시 안경을 끼고 나왔다.

지금은 안경이 보는 것보다 보여지는 것으로 바뀌어서 안경에 대한 패션쇼가 열릴 정도이니 더 이상 위엄의 상징은 아니다. 15세기의 안경은 책을 가까이 접하는 소수 특권층에만 허용된 것이었고, 지혜의 상징이었기 때문에 안경을 쓰거나 들고 있는 모습으로 성자를 그린 것은 존경의 표현이었다고 한다. 요즘과는 매우 대조적이었다.

못생긴 발가락엔 그렇게 신경을 쓰면서 시력이 나쁜 걸 부끄러워해본 기억이 없다. 안경 때문이었는지도 모른다. 귀가 잘 들리지 않거나 말씨가 어눌하면 대단한 장애로 생각하지만, 나쁜 시력에 대해서는 그다지 심각하게 생각하지 않는다. 안경을 쓰면 별다른 불편 없이 자연스러워 더욱 장애로 느껴지지 않는 것 같다. 시력이 약하다는 건 참으로 취약한 부분인데도 크게 탓하는 이가 별로 없다. 안경이란 얼마나 고마운 존재인가.

안경을 벗어버리면 귀까지 안 들리는 것 같아 세상과 단절된 듯 불안하다. 안경을 쓰면 불편하다는 사람도 간혹 있는데 그건 안경을 벗었을 때의 불편함을 모르는 사람들의 얘기인지 모른다.

신문을 멀리 들고 봐야 잔글씨가 잘 보이는 걸 보면 나도 어느덧 노안老眼인가? 오늘 문득 내 몸 두 곳에 취약점을 생각하니 나이가 들어간다는 게 얼마나 여유롭고 관대하고 편안해지는 것인지 알 것도 같다. 잘 보이려고 애쓸것도, 감출 것도 없이, 있는 그대로 보여도 부끄럽지 않은 게 굳이 포기와 타성이라고 말하고 싶진 않다.

손가락 대신, 잘 보이지 않는 발가락이 못생긴 것에 감사할 수 있는 보배로운 마음과 뭐든 거짓 없이 보여주는 안경알 같은 맑은 마음이 가득해진다면 세상은 얼마나 행복하고 살맛이 날까.

(2003, 『미래문학』 가을호)

비익조 혹은 연리지 같은

〈위대한 위선자 (The Great Pretender)〉.

이건 노래 제목이기도 하고 내 인터넷 닉네임이기도 하다. 사람들은 나하고 안 어울리는 닉네임이라고 말한다. 이런 부류의 닉네임은 대체로 강해 보이고 작위적이고 과장돼 보이기도 해서 그럴지도 모른다.

난 워낙 이 노래를 좋아하기도 했지만 나의 내면을 들여다보는 것 같은 노래 제목에 매혹됐다. 목을 높이 쳐들고 외롭지 않은 척 아프지 않은 척 울지 않으며 내 속내를 잘도 감추고 있었으니 말이다.

〈그레이트 프리텐더〉는 본래 흑인 그룹 가수 '프레터스' 가 불렀던 노래인데 퀸의 멤버 '프레디 머큐리'가 편곡해서 부른 뒤 더 유명해진 노래이기도 하다. 높은 옥타브의 절절하면서도 강한 음색이 슬픈 감성을 자극한다. 첼로의 선율로 마감되는 이 노래는 그즈음 내 정서에 꼭 맞는 노래였다. 난 이 노래에 중독된 듯 거의 매일 들었다. 벌써 20년이 다 되어가는 옛날 일이다. 가을에 오래도록 들었던 노래여서인지 이 노래가 듣고 싶어지면 내 마음에 어느덧 가을이 먼저 와 있는 듯하다.

이문열의 《레테의 연가》, 크로닌의 《모자집의 성》, 《쥐똥나무 울타리》, 《휘파람 소리》. 이것들은 이 노래를 들으며 읽었던 책과 풍경과 소리이기도 하다.

가을 들어 아침마다 반복해서 이 노래를 듣다 보면 내 마음의 고리가 어지간히 질기고 헐벗었다는 생각이 든다. 그 때는 그랬다. 가버린 것들과 돌아오지 않는 것들로 인한 상실감으로 찬 물을 뒤집어쓴 듯 한여름에도 한기를 느끼던 시절이기도 했다. 시린 가슴 한쪽에 언제나 황량한 바람이 불고 지나갔다. 한 얼굴을 덧쓰고 나 자신을 화사하게 포장하며 똑바로 서 있던 그 시간들이야말로 내가 가장 위대한 위선자였던 게 아니었을까.

지금 생각해 보면 사랑만큼 융통성 있는 감정도 없는 것 같은데 그 때는 그게 잘 안됐다. 나뭇가지 꼭대기에서 바람만 일렁여도 상채기를 들쑤신 듯 아파왔고 허무하고 쓰라려서 물 위의 꽃처럼 질정 없이 흔들렸다. 화려한 왕관을 쓰고 그 쓰라림을 용케도 감추고 있던 그 때의 난 사랑에 관한한 철저한 위선자였던 것 같다. 난 그 사랑의 전말을 쓰진 않을 것이다. 써서 후련해질 것 같지도 않고, 말해서 다 털어낼 수 있을 것 같지도 않아서이다.

누구든 비익조 혹은 연리지 같은 사랑을 꿈꾸지만 맹세란 언제나 깨어지기 위해 하는 것이라는 것쯤은 말할 수 있을 것 같다. 어쨌든 이루어지지 않은 사랑은 결국 사랑을 지키지 못했다는 얘기일 수도 있을 테니까.

조지아 오키프가 그린 오리엔탈 퍄피즈의 그 뜨거운 주황색 꽃처럼 타오르던 한때의 열정은 이제 다 스러져 빈 술병처럼 공허하다. 사랑의 상처를 치유하는 데는 이전의 사랑보다 더 독한 사랑이 필요하다고 말한다면 지독한 모순일지도 모른다.

또다시 가을 병이 도지는가.

이 가을, 희미한 옛사랑의 그림자를 떠올리며 난 사랑에 관한한 여전히 위대한 위선자로 남아 있어야 할 것 같다.

---

*비익조 : 암수 한 쌍이 한 몸이 되어 난다는 중국의 전설상의 새.

*연리지 : 밑동이 다른 두 그루 나무가 한 줄기로 사는 것.

음악 없이 춤추기

2006년 이상 문학상 작품집.

로이 오비슨 CD.

약간의 돈.

이건 며칠 전 지나간 내 생일 선물이다. 벌써 몇 년째 이런 식의 선물을 받다보니 꽃바구니도 없이 지나가버리는 내 생일의 수수함에 좀 쓸쓸했다. 아니, 음력 섣달그믐날인 내 생일이 유죄인지도 모르리라. 날짜가 주는 분주함과 고단함에 잠시 우울했다.

어린 딸은 언제나 CD와 책을 선물한다. 어느 해 생일인가, 내게 옷을 선물했다가 나의 까다로움에 마음을 다친 남편은 생일날 내게 돈을 준다. 좀 멋없고 삭막하긴 하지만 돈으론 여러 가지를 할 수 있어 나쁘진 않다. 장미와 촛불과 와인, 그리고 금색 리본 장식이 달린 선물상자가 아니라도 야단스러운 걸 싫어하는 나로선 이런 식의 단조로움이 오히려 넘침이 없어 좋았다. 그런데 올해 생일은 좀 역정이 났다.

딸이 주문한 로이 오비슨 CD는 품절인지 벌써 일주일째 배송지연이다. 인 드림(In dreams)이라도 듣고 있으면 괜찮을 듯싶었는데, 듣고 싶던 음악도 못 듣고, 나 먹자고 미역국 끓이는 것도 내키지 않았다. 미역국도 안 끓이고 청승을 떤다고 남편이 혀를 찬다.

"우리 나이쯤 되면 자기 생일날 직접 미역국 안 끓인대……."

"그럼 누가 끓여준대?"

"딸이나 남편이 끓여 준다더라."

"……?"

남편은 나를 한번 쳐다보다가 입을 다문다. 시댁으로 가서 종일 전을 부치다가 아침 겸 점심을 먹고 나니 기름 냄새 때문인지 머리가 혼미하다. 두통약과 비애도 꿀꺽 같이 삼킨다. 생일을 잘 차려 먹어야 잘산다는데 이렇게 데면데면 지나가 버리니까 사는 게 이 모양인가. 자기들 생일은 살뜰하게 계획하고 챙겨주는 걸 당연하게 생각하는 것 같은, 무딘 남편과 딸이 좀 야속했다.

늙음의 징조인가. 뜬금없이 생일타령에 노염까지 타고 있으니 말이다. 나도 국경일처럼 법석을 떨며 생일을 챙기는 내 또래 여자들이 부러워서 이런 걸까? 난 사실 이벤트를 별로 좋아하지 않는다. 생일이건 결혼기념일이든 그냥 조용한 곳에서 맛있는 밥이나 한 끼 먹으면 그걸로 만족한다. 그래서인지 드라마틱한 이벤트로 무슨 기념일을 축하받는 친구들을 별로 부러워하지 않았다. 그래, '삶이 다 같을 순 없으니까.' 하고 날 위로하며 담담했었다. 하지만 이번 생일은 자꾸만 마음이 헝클어져 좀처럼 담담해지질 않았다. 당겨서 미리 먹던 가족과의 식사도 시간이 안 맞아 취소되었고 명절 준비 때문인지 몰려드는 몸의 피로가 송곳이 되어 날카롭게 날 찌르며 대든다.

"태어나줘서 고맙고 내게로 와줘서 더 고마워." 내가 매년 딸에게 보내던 생일 메시지를 나도 누군가에게 받고 싶은 생각이 간절해졌다.

외롭고, 흥겹지도 않고 민망하기까지 한 이런 기분은 마치 음악 없이 춤추는 것만큼이나 싱겁고 안쓰러웠다. 음악 없이 춤춘다는 것. 그 우스꽝스럽고 어쭙잖은 몸짓의 힘겨움이 너무 가엾지 않은가. 밋밋한 기분에 몸만 한껏 안타까운 것, 그건 거의 형벌이지 싶다. 갑자기 내게 근사한 생일잔치가 왜 필요했을까. 내가 원한 게 끔찍한 숫자의 장미도 아니었을 테고 낯선 여행도 아니었을 것이다. 도대체 근원을 알 수 없는 이 상실감의 끝은 어디일까. 그 밤, 속절없이 그렇게 허무와 휘황함이 스러지며 나의 40대가 끝나가고 있었다. 견딜 수 없는 것을 견디는 것, 아닌 걸 사랑할 수밖에 없는 것, 그건 원치 않아도 내가 보듬어야 할 무정한 나의 50대의 시작이기도 했다.

(『좋은문학』 30호)

석류 먹는 여자

왜, 그 옛날 정겨움과 아련한 추억, 때론 식사대용으로 편안하게 먹었던 것들이 요즘 와서는 웰빙이란 돼먹지 않은 이름을 빙자하여 약처럼 다가오는지 모르겠다. 그러다 보니 자연스럽게 먹을 수 있는 먹을거리들도 약을 대하듯 차마 먹기가 망설여지고 곤욕스럽다. 하기야 몸에 좋다면 귀가 솔깃해져 속절없이 무거워지는 내 장바구니도 문제지만 말이다. 몸에 이롭다거나 항암 효과가 탁월하다는 음식들을 이것저것 먹다보면 과연 얼마나 먹어야 좋은지 많이 먹으면 내 몸에 해롭진 않은지, 다른 음식과의 부조화는 없는지 꼬리를 부는 의문으로 어느 땐 먹는 것 자체가 스트레스일 때가 있다.

언제부턴가 석류가 여자의 몸에 좋다고, 그것도 중년 여자에게 꿈의 과일처럼 얘기되고 있다. 내게 석류는, 먹는 것보다 꽃으로 더 기억되는 과일이다. 어린 날 뒤란 장독대 옆에 서 있던 석류나무는 붉고 작은 꽃을 피웠다가 시큼하고 못생긴 석류열매를 달고 서 있곤 했었다. 그래서인지 석류 하면, 입안에 침부터 고인다. 이란산 석류는 달고 맛있다는 주변 사람들 말을 못 믿는 것도 아마 그 때문일 것이다. TV에서 여류 명사들이 나와 씨까지 오독오독 씹어 먹는가 하면 껍질째 갈아 주스로 먹으며 건강을 과시했지만 내 입엔 여전히 침만 고였다.

겨울 들어 대형 마트엔 석류 판매대가 따로 있을 정도로 석류가 풍성하다. 어릴 적 작고 볼품없던 석류가 아니고 사과처럼 붉고 탐스러웠다. 어쨌든, 벌어져 속내를 보이며 자신의 성숙을 알리던 그 옛날 석류가 아닌 것만은 확실했다. 그래, 네가 중년 여자에게 거의 환상이라니 나도 그 환상에 한번 빠져보자. 난 젊음을 사듯 석류 한 상자를 덥석 샀다.

쪼개 놓은 석류는 먹기가 아까울 지경으로 예뻤다. 이건 과일이 아니라 루비사파이어가 가득 든 작은 주머니 같았다. 빼곡하게 박힌 붉은 알알들은 조잘대는 명랑한 새소리 같기도 했고 반짝이며 속살 대는 사교적인 여자 같기도 했다. 석류 맛은 미묘했다. 단맛이 신맛을 압도하는 듯 혹은 신맛이 단맛을 부추기는 듯, 하지만 어떠한 맛도 강하게 앞으로 나서질 않았다. 다만, 절제된 맛이 한 발자국씩 물러서 있는 듯, 야단스러운 호들갑이 없었다. 몸에 빨려 들듯 흡수되는 모든 것, 무취에 가까운 수수한 향기, 메마름과 목마름을 적시는 붉은 과즙, 작고 부드러운 씨, 뭐 하나 세월의 무게를 느끼는 여자의 몸에 이롭지 않을 이유가 없을 듯했다.

요염한 모습과는 달리 석류는 먹기가 좀 민망했다. 껍질을 벗겨 포크로 먹을 수 없는 과일은 언제나 품위 있게 먹기란 힘들게 마련이다. 포도처럼 하나 하나 떼어 먹기는 알이 너무 작았고 베어 먹기에는 구조가 좀 복잡했다. 과일을 입으로 가져가기 보다는 입이 과일 쪽으로 가는 게 손쉬웠다. 거기다 흘러내리는 아까운 과즙의 허망함이라니. 어떻게든 먹고 나면 손가락과 손톱 사이의 갈변한 색소침착이 짜증이 날 정도로 씻기질 않았다.

이런 번거로움에도 불구하고 나는 불로초를 먹듯 석류를 먹었다. 내 몸에 약이 됐음 하는 바람으로 먹었고 내 시간의 간절한 변화를 소망하며 먹었다. 쓸쓸했다. 이빨을 들이대고 게걸스럽게 석류 알을 뜯어(?) 먹다 보면 뜯어 먹는다는 표현만큼이나 낯설고 우스꽝스런 내 모습이 언짢았다. 결국 나도 젊지 않음이 두려운 것일까. 석류 따위에 젊음을 기대하고 있으니 말이다. 아무리 용을 써도 세상이 바뀌지 않을 때, 가장 좋은 방법은 시간을 흘러 보내는 것이라고 말한다. 맞는 말인 것 같다. 바뀌지 않는 세상뿐 아니라 세월의 이치도 같을 것이다. 내가 세월을 어쩌지 못하듯 석류가 내 몸을 어떻게 변화시키겠는가. 가는 세월 흘러가게 그냥 두는 게 순리이듯 모든 걸 받아들이며 끌어안을 때 석류보다 더 붉고 화사한 삶이 약속되지 않을까.

그린 로즈

꽃보다 귀한 너, 꽃보다 예쁜 당신, 사람이 꽃보다 아름다워, 이런 표현들이 그야말로 참을 수 없는 애정 혹은 칭찬이 아닐까 하는 생각이 든 것은 그날 내가 받은 꽃다발이 너무 아름다웠기 때문일 것이다. 그린 로즈가 섞인 커다란 장미 꽃다발을 받아 들었을 때 꽃의 찬란함에 잠시 눈을 뜰 수가 없었다. 그리고 그토록 추상적이고 요원하던 행복의 실체가 이런 꽃다발 같은 게 아닐까 하는 생각을 잠깐 했다.

꽃은 무수한 언어와 신비한 표정으로 내게 다가왔다 .내 눈 꺼풀은 얇은 꽃잎처럼 환하게 벌어지고 입술에선 소리 나지 않아도 퍼지는 꽃향기처럼 끝없는 말들이 쏟아져 나왔다. 어떤 사람이, 꽃보다 아름답고 귀해지는 건 그 사람에 대한 마음이 정점에 이르렀다는 얘기일 수도 있겠다 싶었다. 마치 세상에서 꽃을 처음 보는 사람처럼 꽃이 아름답다는 걸 이제야 안 사람처럼 과장되고 호들갑스러워지는 나 자신이 좀 쓸쓸하기까지 했다.

깊숙이 넣어둔 노란 꽃병을 꺼냈다. 꽃이 꽂혀 있는 날보다. 비어 있는 날이 더 많은 꽃병이었기에 깨질까 조심스러워 안전한 곳에 넣어둔 탓이다. 노란 꽃병은 마치 그린 로즈를 위해 오래 전부터 준비된 것처럼 그린색의 꽃과 완벽한 조화를 이뤘다. 봄의 나뭇잎 색깔과 비슷한 꽃잎은 너무 고요하고 차가워서 어쩐지 꽃 같지가 않았다. 그럼에도 바라보고 있으면 그 도도한 아름다움에 가슴이 서늘해졌다. 그것에 비하면 흑장미가 지닌 팜므파탈적인 요염함은 차라리 가벼워서 허무해 보였다. 슈거 핑크의 또 다른 장미는 다소 냉소적으로 보이는 그린 로즈 옆에선 그냥 귀엽고 사랑스러워 가장 꽃다운 꽃으로 달콤했다.

사람들은 꽃병의 꽃을 보면서 '와, 예쁘다.' 소리 지르며 코를 꽃 가까이 댔다가 떼면서 하나같이 묻는다.

"애인이 보냈죠?"

난 그냥 웃는다. 여자가 꽃을 받으면 꽃을 준 사람이 반드시 남자일 거란 상상은 어느 주변이나 마찬가지인가 보다. 그것도 애인이나 뭐 은밀한 사이일 거라고 생각하는 것 같다. 꽃을 준 사람이 뭐 그리 중요한 걸까. 그리고 그게 왜 궁금한 걸까. 꽃은 탁자 위에 있고 향기롭고 아름다워 꽃을 보는 모든 사람이 행복해지는데 그게 남자이든 여자이든 무슨 상관이란 말인가. 꽃을 준 사람은 그 사람에게 꽃을 주고 싶은 간절한 마음이 있었겠고 그걸 받는 사람은 그 마음을 느끼고 받아들이고 싶었을 것이다. 꽃병에 꽃을 꽂았을 때는 이미 거절의 의사는 없었을 터이다.

내게 꽃다발을 준 사람을 구체적으로 밝힐 생각은 없다. 꽃바구니 없이 지나가는 내 생일의 쓸쓸함을 수필로 쓴 적이 있는데, 분주한 섣달그믐의 내 음력 생일을 피해 양력 생일 이즈음에 꽃을 보내온 걸로 생각한다. 그 사람 정서라면 할 만한 일인 것 같아 기쁘게 받았다. 그리고 무엇보다, 보내온 마흔 송이 장미가 끔찍한 내 나이를 생각나지 않게 해서 좋았다. 안쓰러운 마음이었든 색깔 있는 마음이었든 그 어여쁜 마음씨가 눈물겨웠다.

그린 로즈를 보면서 자주 한숨이 나왔다.

꽃은 왜, 나를 여자이게 하는가.

꽃은 왜, 나를 여자이고 싶게 하는가.

'내 마음이 내 마음을 내 마음대로 못하게 하네.'

어느 산사에서 이 글 귀를 처음 읽었을 때, 사람이 저런 마음이 될 때는 환희보다 고통이 더 많을 거라는 생각을 했었다. 며칠째 그린 로즈를 볼 때마다 문득 문득 그 글귀가 내 것인 양 불길하다.

꽃은 곧 시들 것이다. 그리고 그린 로즈의 차가운 고요함이 내 마음을 내 마음대로 할 수 있게 할 것이다.

귀엽거나 반짝이거나

귀엽거나 반짝이거나. 어설프지만 이건 내 컨셉트다.

나비 모양의 머리핀, 벨벳 리본이 달린 구두, 프릴 스커트, 큐빅 장식의 귀걸이, 정교한 커팅의 반지, 스팽글 가방, 어쩌자고 나이에 어울리지 않게 이런 것들에게 그토록 애착이 가는지 가당치 않음에 때때로 내 자신이 민망할 때가 있다. 그래도 이런 소녀적 취향을 포기할 생각은 없다. 내게 잘 어울리는 분위기라고 말해주는 주변 사람들의 진실여부를 떠나서 난 그냥 그 말에 욕심을 내버린다. 이러다 보니 파파할머니가 됐을 때도 내 머리엔 나비 모양의 머리핀이 반짝이고 있을지 모를 일이다.

귀엽거나 반짝이는 것을 색깔로 표현한다면 분홍색과 노랑, 그러니까 황금색에 가까운 노랑이 아닐까. 화사해서 행복한 기운이 번지는 복사꽃이나 앙증맞고 사랑스러운 모과 꽃은 예쁘다기보다는 귀엽다는 말이 더 잘 어울린다. 귀엽다는 건 어떻게 보면 매우 융통성 있는 말이다. 예쁘다, 밉다의 이분법적 분명함보다 예쁘진 않아도 밉지 않게 표현할 수 있는 참 다정한 말이기도 하다. 햇살과 들판과 모든 열매들은 황금빛으로 한없이 반짝인다. 휘황한 그것들은 오직 빛만이 느껴져 눈부시다. 그러고 보니, 귀엽거나 반짝이는 것은 봄과 가을을 느끼게 하는 모습이기도 하다. 실제로 가을은 무수한 반짝임의 계절이라는 걸 며칠 전 섬진강 강가에서 비로소 알았다.

'섬진강 생태문화 기행'에 참여할 수 있는 기회가 있었다. '아름다운 길, 걷고 싶은 길'이라는 테마가 마음에 들었고 전봇대 하나 없는 섬진강 강가의 흙길을 걸어볼 수 있다는 게 좋았다. 무엇보다 맘 맞는 친구와 밀린 얘기를 하며 느리고 천천히 걷는다는 게 너무나 귀하고 흡족해 좀 사치스러운 기분마저 들었다.

섬진강변은 모든 것이 반짝임 그 자체였다. 아니, 가을이 온통 반짝임이라고 말해야 맞을 것 같다. 가을햇살은 금가루처럼 반짝반짝 들판을 뒹굴고, 바람마저 금사로 짠 목도리처럼 냉한 목덜미를 휘감으며 빛났다. 미루나무 잎사귀 위로 쏟아지는 자잘한 빛의 파편들은 마치 신라 금관의 떨림처럼 섬세했다. 바람과 함께 포개지던 억새의 은빛 잔등은 하얗게 흐르는 시냇물 같았다. 강물은 잔잔하게 밀려서 조용히 흔들리는 요람 같았고 때론 살랑대며 아주 사교적으로 속살댔다. 여름의 햇빛이 엿가락처럼 끈적이고 치대며 달라붙는 느낌이었다면 가을햇빛은 어디서든 저 홀로 떨어져 영롱하게 반짝였다.

가을 반짝임 속에는 금속의 차가움보다 정情이나 한恨처럼 끓어오름의 뜨거움이 더 많았다. 찔레나무 열매는 순결한 꽃 속에 감춰져 있던 정념情念인 양 붉고 요염해 데일 듯 위험했다. 잎이 다 져버려 헐벗은 감나무가 그다지 쓸쓸해 보이지 않았던 것은 아마도 그 붉은 열매 때문이었을 것이다. 시리도록 푸른 하늘을 이고 주렁주렁 달린 주홍의 감들은 꽃이 다 져버린 가을 산에 새로 핀 가을꽃처럼 환했다. 그리움의 무게를 견디지 못해서 비스듬히 땅에 누워있다는 쑥부쟁이는 슬픈 전설의 꽃답게 까칠한 입술의 보랏빛 꽃잎을 눈물처럼 뿌려놓아 온 산이 멍이 든 듯 애잔했다.

귀여움의 봄과 반짝임의 가을은 어찌 보면 인생의 한 단면처럼 보인다. 분홍빛의 귀여움은 유년의 뜨락인 양 혹은 젊은 날의 녹원綠園처럼 생명력이 느껴져 희망차다. 반면 황금빛의 반짝임은 끈기의 걸러짐과 뭉근한 삭힘을 다 견뎌낸 듯 고즈넉하고 평화롭다. 견뎌낸 세월 자체가 빛이 되어 스스로 윤이 나서 모든 것의 귀감이 되는 듯하다. 갑자기 가볍고 교태로워 보이던, 귀엽고 반짝이던 것들이 결코 호락호락한 것만은 아닌 듯 해 슬며시 놓고 싶어진다. 내가 설정한 분위기가 짐스러워 버거워진 탓일지도 모른다. 그러나 고정된 이미지라는 것이 사소한 생각의 변화로 자주 흔들린다면 세상은 얼마나 혼란스러울까.

위안을 주는 것들에 대하여

그랬다. 원티드. 그들이 〈발작發作〉이란 노래를 부르면 온몸의 세포 하나 하나가 천천히 고개를 들며 내 안의 모든 감성을 자극했다. 절절함으로 가슴에 통증이 느껴졌고 발작할 것 같은 간절함에 전율이 일었다.

주기적으로 찾아오는 내 답답함을 치유하는 데는 바다를 보는 것만큼 효과적인 것도 없다. 시끄럽고 끈적이는 여름바다는 답답함을 더 도지게 하는 고약함이 있을 뿐이다. 그러나 찬바람을 그리워하며 여름이 쫓겨 가길 기다린다는 건 더욱 참을 수 없는 일이다. 섬과 등대를 볼 수 있다면 그래도 답답함이 좀 트일 것 같아 여수로 가보기로 했다. 그 곳으로 가는 차안에서 그들의 교통사고 소식을 들었다. 뭐라고 어떻게 말할 수 있을까. 23세의 나이에도 세상을 떠날 수 있다는 게 믿기질 않았고 그럴 수는 없다는 생각뿐이었다. 날 열광케 했던 '퀸'의 맴버 프레드 머큐리가 죽었을 때, 그를 다시 볼 수 없다는 상실감에 그의 노래를 들으며 우울하고 허탈해서 한동안 애먹었던 기억이 난다. 앨비스 프레슬리와 존 레논이 죽었을 때 그의 팬들의 지나친 애도의 표시를 그제야 좀 이해할 것 같기도 했었다.

동백섬 쪽에서 바라보는 바다는 햇빛이 녹아들어 잘게 부순 은처럼 눈부셨다. 망망한 바다가 답답함을 걷어내는 듯 후련했다. 강렬한 빨강색 탓일까. 멀리 보이는 등대가 핏빛의 고통이 느껴져 서럽도록 외로워 보였다. 웬일인지 다시금 답답함이 가슴을 옥죈다. 이 답답함은 어디서 오는 걸까. 맺힌 게 없이 살자 해도 뭔가 매듭투성이인 것 같아 항상 답답해 오는 건 세상살이 자체가 내겐 매듭 풀기인지도 모르겠다.

환청인가? 어디선가 원티드의 〈발작〉이 들려왔다. 대숲 같기도 하고 동백숲 같기도 하고 아니, 천상인 것 같기도 했다. 하늘을 올려다봤다. 가로등 꼭대기에서 스피커 장치를 통해 들려오는 소리였다. 전망대에서 FM을 연결해 놓은 것 같았다. 바다를 보면서 답답함이 풀리지 않던 이유가 이거였던가. 노래 소리는 바다 쪽으로 등대를 향해 자꾸만 멀어져 갔다. 천근의 무게가 느껴져 한 발자국도 뗄 수가 없었다.

어찌 보면 사소하고 쓸데없는 일에 마음을 다치고 있는 내가 한심해 보였는지 같이 있던 친구가 대통령이라도 죽었느냐며 냉소적으로 날 본다. 대통령? 모르겠다. 대통령이 내게 위안이 된 적이 한 번도 없었으니까. 최고의 자리에 있는 사람이 반드시 모든 사람에게 감동을 주진 않는다. 신문도 안 보는 사람 같다고 하면 머리가 텅 빈 여자 취급하는 것 같아 발끈하던 시절이 있었다. 마치 신문이 지知와 희망의 척도인 것처럼. 요즘은 신문을 펼치면 모든 게 추락하고 있을 뿐이다. 정치도 경제도 도덕과 양심까지도. 뭐 하나 위안을 주는 게 없다. 그나마, 문화적 감수성만이 유일하게 행복을 느끼게 해 주는 것 같다. 불확실한 미래만 확실한 이즈막엔 가슴에 와 닿는 노래 한곡이 차라리 위안이다. 특별히 존경할 만한 위인도 영웅도 없는 이 헐벗은 시대에 내게 귀감이 되고 정신적 지주로서 버팀목이 된다면 대중 가수도 보배롭다. 메말라 바삭해진 가슴을 훈장처럼 달고 있는 이 어중간한 중년에 젊은 가수 하나 세상 떴다고 발을 동동 구르는 내가 한심한 여자일까.

답답함을 다시 끌어안고 바다에서 돌아와, 밤이 깊도록 그의 노래를 들었다. 한때 내게 위안을 주었던 그 젊은 가수가 아깝고 허망해서 울음 같기도 한 뜨거운 덩어리를 목구멍 깊숙이 삼키면서 언제까지고 앉아 있었다. 그를 다시 볼 수 없다는 게 아프다. 너무 아파서 그의 노래처럼 발작이라도 할 것 같다. 위안이었던 것이 더 이상 위안이 될 수 없다는 건 배반일 수도 있다. 그러나 배반이라는 것도, 어떻게 보면 죽음이 그러하듯, 이해하는 게 아니라 받아들여야 되는 게 아닐까.

(2004)

1월의 끝

그날. 극락교를 건너 병풍폭포 쪽으로 휘적휘적 산을 내려오면서 도무지 생시 같지 않은 아득함에 휘청거렸다. 얼음 밑으로 흐르는 물소리도, 명경같이 맑아 유리처럼 투명한 계곡도 모두가 꿈인양 아스라했다. 쌓인 눈 위로 하얗게 쏟아지는 햇빛 때문도 아니었고 구름다리 위에서 산 밑을 내려다볼 때 느꼈던 노오란 현기증 때문은 더욱 아니었다. 잡힐 듯 잡히지 않는 이 비현실감은 헛것을 보는 듯 교란되는 내 심약한 마음 탓이 분명했지만 그것마저 인정하기 싫은 건 무슨 까닭일까.

"지금이 왠지 생시 같지가 않아."

"꿈 같다는 건 나쁘지 않다는 애기잖아."

"아니, 꿈 같다는 얘기가 아니고 그냥 뭐랄까 그냥, 생시가 아닌 것 같아."

앞서 가던 친구는 눈 쌓인 경치에 혼미해진 내가 감탄해서 하는 소리로 듣고 대수롭지 않게 대꾸한다. 꿈은 아닌 게 분명했지만 그렇다고 꼭 현실 같지도 않은 건, 어쩜 올라오면서 봤던 그 나무 때문이었는지도 모르겠다.

나무는 병풍폭포 조금 위쪽에 늠름하게 서 있었다. 잔가지 하나 없이 쭉쭉 뻗은 나무는 마치 반듯하고 잘생긴 남자를 보는 듯 설레었다. 순간, 가슴이 두 방망이질치며 마구 뛰었는데, 그 설렘이 너무 황당해서 얼굴이 붉어지는 듯 난감했었다.

병풍폭포가 가까워지면서 나무가 다시 모습을 드러냈다. 도도하리만큼 단단한 나무의 몸뚱이가 흡사 검투사의 등처럼 꼿꼿했다. 난 나무를 가만히 끌어안았다. 나무는 반도 안기지 않았다. 잔가지가 없어 구차해 보이지 않는 나무는 좀 냉정해 보이기까지 했지만 그 당당함이 오히려 모든 걸 보호해 줄 것 같아 믿음직했다. 과장되게도 난, 죽어서 차가운 물 위로 끝없이 흘러가지 않고 따뜻한 품속인 양 이 나무 밑에 묻히고 싶었다.

내게 아들이 없어서였을까. 나무 밑에 묻히고 싶다는 생각은 항상 머릿속을 떠나지 않았다. 어떤 나무 밑에 묻힐 것인가 구체적으로 생각해 보진 않았지만 이런 나무라면 괜찮을 듯싶었다. 깊은 산속인 듯하면서 적당히 사람의 왕래가 있어 쓸쓸하지 않아서 좋을 것 같았고 무엇보다 폭포 앞을 지나면 모든 죄가 씻긴다는 병풍폭포를 지척에 두고 있어 주위가 온통 순결해 보여 좋았다. 생시 같지 않았던 건 이처럼 죽음을 생각하고 있었기 때문일까. 굳이 슬퍼서도 아니었는데 왈칵 눈물이 나왔다. 떨어지는 물이 얼어서 거대한 얼음덩이로 변해버린 폭포 앞에서 눈물을 씻었다. 그리고 폭포를 지나면서 내 죄도 씻기길 원했다. 눈이 오면 비로소 아름답다는 강천산에서 아름답다는 눈은 제쳐 두고 죄와 죽음을 생각하며 목울대가 뻐근해졌다. 1월의 끝날, 겨울답지 않게 하늘은 시리도록 푸르렀고 내 가슴은 까닭 모를 비애로 서늘했다.

자신감이 없어서인가. 요즘 들어 소망하는 것은 많고 자기비하는 심해지고 하찮은 일에도 자주 노엽다. 그리고 건강이 염려 되는 걸 보면 죽음에 대한 두려움도 있는 듯하다. 마음의 평화를 가지려면 종교가 필요할 듯싶은데, 난 언제나 모든 걸 신神께 감사하고 있으니 이미 종교는 가진 것도 같다.

믿고 의지할 수 있어 안식을 얻는 게 종교의 의미라면 그 대상이 꼭 하느님이나 부처님이 아니라도 괜찮을 것 같다. 내가 끔찍이 좋아 하는 것도 어찌 생각하면 종교의 의미일 수 있을 테니까. 자꾸 작아져 겸손하고 가지런해지고 싶고, 모나지 않고 마모돼서 푸근해지고 싶고, 더욱 사랑하고, 모든 걸 내 탓인 양 끌어안고 싶어지는 건 결코 가볍지 않은 내 삶의 무게 탓이 아닐까 생각해본다. (2005)

링고를 추억하며

그 저녁, 공연장의 드러머는 내 안의 모든 감성을 흔들어 놓기에 충분한 남자였다. 민머리에 검은 민소매 차림의 그 남자는 분명 힘이 느껴지는 젊은 남자로 보였다. 그러나 공연이 끝난 후 로비에서 만난 그는 훨씬 나이 든 남자였다. 도대체 어디에서 그런 힘이 느껴졌던 것일까? 춤추듯 두드리던 그의 북들은 마치 그와 한몸이 된 듯 소용돌이가 되어 소리로 변하고 있었다. 드러머라 하기엔 왠지 어색하고 고수라고 부르기엔 더욱 어울리지 않는데도 그 남자의 모든 것은 전율 그 자체였다. 그의 북소리에 맞춰 〈찔레꽃〉을 부르던 가수는 이미 노래하고 있지 않았다.

"찔레꽃 향기는 너무 슬퍼요. 그래서 울었죠. 목놓아 울었죠."

〈찔레꽃〉은 더 이상 노래가 아니었고 한恨의 덩어리가 되어 그의 목구멍에서 피처럼 토해지고 있었다. 그랬다. 그가 북을 치면 어떤 노래든 노래로써 흥겹지 않았고 풀어내지 못한 한恨처럼 헐벗고 질겼고 발산하지 못한 슬픔처럼 서럽고 아팠다.

예전 습작시절 내 소설 속에 꼭 등장하던 남자가 있었다. 클럽에서 드럼을 치던 링고라는 이름의 사내였는데 마치 스탕달의 소설 《적과흑》의 남자 주인공 줄리앙 소렐 같았다. 그는 너무도 자아가 강하고 우울해서 언제나 날 힘들게 한 남자이기도 했다. 그 옛날 소설가를 꿈꾸던 시절 내가 만든 링고를 다시 만난 듯 그 젊지 않은 드러머는 날 옛날로 끌고 간다.

난 동動적인 것, 그러니까 몸을 움직이며 뭔가를 해야 하는 걸 참 싫어한다. 체육, 무용은 물론 스포츠를 관전하는 것조차 싫어한다. 중 · 고등학교 체육 시간엔 아예 운동장에 나가는 것 자체를 무시하고 선생님을 화나게 했다. 반성문을 숙제처럼 쓰며 벌을 받았지만 잘 고쳐지지 않았다. 그 버릇은 이미 초등학교 4학년 때부터 꾀를 내기 시작했다. 밴드부에 들면 체육은 거의 하지 않아도 됐다. 달리기는 물론 응원조차도. 졸업할 때까지 3년 동안 밴드부에서 또래보다 큰 키 덕분에 작은북을 쳤다. 그 후로 드럼을 접할 기회는 거의 없었지만 드럼에 대한 동경은 대단했다. 내가 썼던 소설 속엔 언제나 냉소적인 드러머가 등장했던 것도 아마 그 때문이었을 것이다. 광란의 몸짓 혹은 고뇌의 표정의 드러머에게 넋을 잃는 일은 내겐 이미 특별한 일이 아니었다. 판소리 마당의 고수에게도 반해 고수의 추임새에 나도 모르게 어깨를 들썩였다. 웬만한 일엔 흥이 안 나는 내가 그래도 판소리를 들으면서 절부채로 고수의 흉내를 내며 흥을 내는 것도 어쩌면 북에 대한 매력을 버리지 못했기 때문일 것이다. 그러나 관심만 있었지 배워볼 엄두도 못 내고 세월이 흘러버려 이젠 뭔가 시작하기도 어색한 나이가 돼버렸다.

얼마 전, 일일 드라마에서 상처 받은 여주인공이 마음이 헝클어질 때마다 폭발할 듯 드럼을 두드리던 장면이 있었다. 뭔가 후련할 것 같은 생각보다 쓸쓸하고 슬퍼 보여 가슴 쪽에 통증이 느껴지던 기억이 난다. 며칠 전 잠깐 본 드라마에서도 상처와 비애로 우울해 보이던 남자 주인공이 고통스러울 때마다 드럼을 치는 장면이 있었다. 생각해 보면 드럼처럼 시끄러운 악기도 없을 듯한데 때때로 그것은 독한 슬픔의 정서를 동반한다. 마치 지독히 외로울 때 큰소리로 얘기하고 과장된 몸짓으로 자신을 포장하려는 사람처럼 말이다.

공연장에서 본 젊지 않은 드러머를 보면서 줄곧 생각했다. 저 남자가 저토록 신神기가 느껴지도록 북을 치게 된 게 분명 하루아침에 된 일은 아닐 것이다. 미쳤을 것이다. 북에 미쳤든 음악에 미쳤든 어딘가에 미쳤기 때문에 저 경지에 이르렀을 터이다. 미친다는 건 앞뒤를 재지 않는다는 것일 수도 있겠는데 난 그동안 얼마나 앞뒤를 재며 살아왔는가. 내 자신을 가만히 내려다 봤다. 열망한 일에 미쳐본 적이 과연 얼마나 있었던가? 그냥 좋아서 어쩔 줄 모르거나 듣고 즐기며 부러워나 했지 배워서 해볼 생각을 못한 건 단지 몰입하지 못하는 성격 탓만은 아니었을 것이다. 우리의 젊은 날은 금기가 너무 많은 세대였다고 말하기엔 내 열정과 용기가 너무나 부족하지 않았을까. 어느 노래 가사처럼 이제 그리운 건 그리운 대로 그냥 둘 수밖에. 하지만 그대로 두기엔 너무 아쉽고 후회스러운 드럼에 대한 추억이다. 웬일인지 이즈막엔 후회스러운 옛일들이 뱀처럼 천천히 고개를 들며 날 자극한다. 그러한 기억들이 썩 유쾌한 일은 아니지만 매정하게 떨쳐버리기보다 따뜻하게 껴안고 싶은 욕망이 더 강한 건 내가 더 이상 젊지 않은 까닭일까?

(2004)

어쩔 수 없는 것을 위하여

난 운전면허가 없다. 이즈음 이런 사실이 장애처럼 느껴진다. 지독한 기계치여서 카메라 셔터 누르는 것조차 겁을 낸다. 공원이나 유원지에서 누군가 나에게 셔터 좀 눌러 달라고 하면 기겁을 한다. 그런 내가 자동차를 운전한다는 것은 상상하기조차 어렵다. 아니, 엄두도 못낼 일인지도 모른다. 자전거 타기보다 쉬운 게 자동차 운전이라고들 하지만 그 자전거도 못 타는 나로선 어떤 얘길 하든 운전이란 어려운 일일 수밖에 없다. 이러다 보니 면허가 없어서 좋은 쪽만 생각하고 별다른 불만 없이 살아왔다. 그러나 지금은 자동차를 끌지 못한다는 사실이 부끄러워 기까지 죽는다.

"차 가져오셨죠?"

너무도 자연스러운 질문이라서 "아뇨."라고 대답하는 것도 민망한데 면허조차 없다고 말한다는 건 대단한 치부를 드러내는 것 같아 자존심까지 상하려 한다.

지금이라도 면허를 따볼까 생각해 봤지만 여전히 자신이 없다. 바퀴 달린 걸 내 마음대로 못하는 건 내가 어떻게 할 수 없는 부분이다. 딸애 키울 때, 유모차를 끌고 나가는 날은 내 의지와 상관없이 움직이는 바퀴 때문에 등에 식은땀이 날 지경이었다. 오죽하면 대형마트에 가서도 쇼핑 카트를 사용하지 못하고 그 무거운 물건을 바구니에 담아 들고 다닐까.

깜깜한 고속도로에서 나 혼자 이정표를 보며 방향을 결정해야 하고, 좁고 붐비는 도로에서 엉킨 차 사이를 빠져 나와야 하며, 여의치 않은 장소에서 모든 걸 백미러를 통해 살피면서 주차해야 하는 그 곡예(?)를 나 혼자 해야 한다고 생각하니 마치 풍랑의 바다로 나가는 배처럼 두려워 내키질 않는다.

운전하는 사람들은 말한다, 자기 차를 가지게 되면 날개를 얻은 것처럼 자유롭다고. 누구에게 아쉬운 소리 할 것 없이 당당하고 또 어디든 갈 수 있어 삶의 질이 높아진다고까지 얘기한다. 틀린 말은 아닐 것이다.

터질 듯 답답할 때 강가나 바닷가로 달려가서 실컷 울어도 좋을 것이고, 별빛이 쏟아지는 쪽으로 차를 세우고 그 별빛이 다 사위어 갈 때까지 앉아 있어도 괜찮을 것이다. 때론 추억이 있는 장소로 가서 드라마처럼 모든 기억을 풀어내고서 한때의 그 사람을 생각할 수도 있을 것이다. 이런 일들은 모두가 혼자서 하고 싶을 테니까. 그러나 이런 그럴듯한 유혹도 운전에 대한 두려움을 이기지 못하는 걸 보면, 난 어쩔 수 없이 아날로그적인 사람인지도 모르겠다.

난 택시로 출퇴근을 한다. 서울에 비하면 전주는 아직 택시 타기에 좋은 도시다. 적당한 높이로 손을 들면 내 앞에 빠르고 친절하게 택시가 선다. 개인택시건 영업용 택시건 가려 탈 것도 없이 차는 대체로 중형에 신형이다. 젊었을 땐 안전을 이유로 나이든 기사가 운전하는 차가 좋았는데 지금은 젊은 사람이 운전하는 차를 내심 기대한다. 예전 같지 않아 고학력 택시기사도 많고 자부심을 가지고 일하는 사람도 많다. 젊은 기사는 난폭함보다 순발력이 좋아 지루함과 초조함을 덜어준다. 차안에 청결함을 가득 채우고 음악도 젊어서 좋다. 무엇보다 긍정적인 사고로 대화를 시도한다. 때론, 삶이 너무 진지해 혹시 내 삶이 너무 가벼운가, 잠시 생각하게 하는 사람도 만난다.

택시는 내가 책임지고 감수해야 하는 버거움이 없어 좋다. 단지 명확한 행선지와 제시된 요금만 내면 서로 기분이 좋다. 택시는 가면서 나 혼자 무엇에건 몰입할 수 있어 좋다. 하다못해 창밖의 풍경을 바라보는 사소한 일일지라도…….

택시가 힘들다는 얘기의 공감대 탓일까. 택시를 타고 내리면서 내게 작은 소망이 하나 생겼다. 내가 내린 택시에 또 다른 손님이 바로 탔으면 하는 마음이다. 그래서 모든 택시 기사들이 빈 택시를 끌고 정처 없이 달리기만 하는 쓸쓸함이 적었으면 한다. 그들이 행복해야 매일 택시를 타는 내게도 행복이 전염될 것 같아서이다.

요즘 난, 누군가가 차 가져왔냐고 물으면 “아뇨.” 하고 감추듯 얘기하지 않는다. 그냥 “저, 운전면허도 없어요.” 하며 크게 웃는다. 운전면허가 없는 건 장애가 아니고 나의 취향일 따름이라고 간단히 생각하기로 했다. 싫으면 안하는 게 취향 아니겠는가. 그래도 한편으론 신호를 탁 탁 받아 방향을 잡고 자동차 숲을 잘도 빠져 나가는 여성 운전자가 경이롭고 위대해 보이기까지 하는 걸 보면 내 마음을 다 비우진 못한 것 같기도 하다.

(브레이크 뉴스)

4. 포르셰는 사셨나요?

그 쇼는 계속되어야 한다 | 동그라미 행복론 | 우리 집은 작다 |
포르셰(porsche)는 사셨나요? | 컬러링 | 이름을 부르는 커피숍 |
아아, 금각사 | 키스하고 싶은 마음으로 | 파경破鏡 |
블루밍 어니언 | 더 오래, 사랑스럽게 |

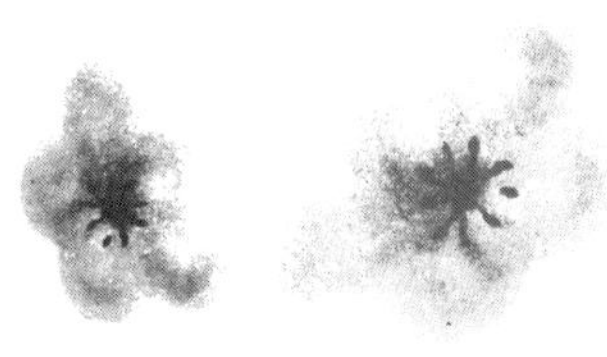

그 쇼는 계속되어야 한다

'위기의 여자.'

이건 시몬느 드 보봐르의 소설 제목이기도 하고 결혼 후 끊임없이 닥치는 내 경우이기도 하다. 보봐르의 소설 주인공 모니끄는 남편의 외도 때문에 위기를 느끼지만 내겐 사소하다 못해 유치하기까지 한 아주 자잘한 일상에서 늘 위기를 느끼는 차이가 있을 뿐, 그 순간의 위기감과 절망은 거의 비슷한 것 같다. 사고와 가치관이 달라서 종종 의견 차이를 보이긴 하지만 뭐든 나와 같지 않다고 해서 남편이 반드시 나쁜 사람이라고는 생각하지 않는다. 남편 입장에서 보면 내가 불편한 사람일 수도 있을 테니까. 그런데 꼭 한 가지 참을 수 없는 부분이 있다. 먹는 것, 즉 밥에 대한 생각차이는 결혼 생활 15년이 다 되도록 풀 수가 없다.

나는 배가 고프면 뭐든 대용식을 이용한다. 빵이든 라면이든 배 고픈 걸 면할 수 있는 건 아무거나 먹으면 된다는 생각이다. 위가 나빠서 그걸 먹고 나서 다소 고통스러워도 그렇게 한다. 하지만 남편은 꼭 밥이어야 한다. 배고픔을 참지 못하는 남편이 단지 밥맛이 없어진다는 이유로 대용식을 용납하지 않는 건 좀처럼 이해할 수가 없다. 지독한 배고픔을 참으며 꼭 밥을 고집하는 남편이 바쁜 나로선 성가시고 얄밉기까지 하다. 마치 밥이 종교이기나 한 것처럼 밥, 밥, 밥, 하는 남편의 식성이 때때로 안쓰러운 생각도 들지만 그것도 잠깐이고 짜증날 때가 더 많다.

그날도 밥이 발단이었다. 덕진 연못의 연꽃 이야기로 주변이 연일 탄성이다. 비가 적당히 내려서 연꽃 구경하기에 좋은 주말 저녁이었다. 연꽃이 주는 고상함과 운치를 생각하면 너무 어두워도 안 될 것 같았고 배가 불러 포만감에 시달려도 상스러울 것 같아 연꽃 먼저 보고나서 저녁을 먹자고 내가 말했다. 그러자 남편은 배고파 죽겠는데 무슨 소리냐며 밥부터 먹고 꽃을 보자고 했다. 난 양보하지 않았고 남편은 화를 내며 딸애와 식당으로 갈 기세였다. 멋없는 남편의 야속함보다 또 밥타령인가 싶어 더 참을 수가 없었다.

"밥이 그렇게 중요해?"

"연꽃이 그렇게 중요해?"

노기탱천한 남편이 연꽃이 그렇게 좋으면 혼자 실컷 구경하다가 연못에 빠지든지 연꽃에 몸을 던지든지 맘대로 하라며 독한 소리까지 한다. 얼마간의 다툼 끝에 남편이 이겼는지 내가 졌는지 알 수 없었지만 결국 남편이 좋아하는 버섯 요리를 먹고 연꽃을 보러 갔다.

연지교를 건너며 불빛에 의지해 비에 젖은 연꽃을 바라보며 잠시 생각에 빠졌다. 배가 부른 상태에서도 연꽃은 어여뻤다. 예쁘다는 말보다 잘생겼다는 표현이 더 적절할 정도로 도도한 꽃대가 완벽한 자태를 뽐내고 있었다. 밥 먹기 전의 연꽃이 지금 보다 더 아름다웠을까? 연꽃이면 다 같은 연꽃일진대 웬일인지 이게 아니다 싶었다. 남편 말대로 중요한 것이 뭔지 모르는 내 철 없는 까다로움 탓일까. 아아, 혼란이다.

연지정의 불빛이 보석처럼 휘황하다. 내 결혼식날 피로연장 이었던 2층은 단청을 새로 했을 뿐, 15년 전이나 지금이나 변함이 없다. 다만 변한 건, 노래 못하는 나를 위해 대신 노래해 주고 위기를 모면해주던 그 사려 깊던 새 신랑은 간데없고 연꽃보다 밥이 더 중요해진 중년의 남자가 있을 뿐이다. 아니, 그 옆에 뻥튀기를 아작아작 씹으며 따라오는 딸애와, 좀더 밝을 때 연꽃을 봤으면 좋았을 걸 하는 아쉬움에, 불빛이 밝은 쪽만 골라 걷는 여자가 있다.

갑자기 폭죽이 터지듯, 호수 중앙에서 화려한 음악분수쇼가 시작되었다. 아마 주말의 이벤트인 것 같았다. 클래식 음악에 맞춰 현란한 몸짓으로 움직이는 무지갯빛 물기둥들이 흡사 무희들처럼 아름다웠다. 잠시 답답함이 터지는 듯했다.

"와아, 자기 말대로 밥부터 먹고 왔더니 분수쇼도 구경하네. 일찍 왔으면 못 보고 갈 뻔했다.역시 난 남편은 잘 만났다니까……."

난 갑자기 쇼맨이라도 된 듯 소리쳤다. 과연 진심이었을까? 어색한 분위기를 풀어 보려는 의도는 아니였을까? 남편은 거 보라는 듯 아무 말이 없다. 뜻밖의 내 소리에 내가 놀라 정신이 번쩍 들자 다시금 가슴이 답답해졌다. 도대체 이런 식의 쇼는 언제까지 계속되어야 하는 걸까. 아마도 가정의 평화를 위해서라는 명분 아래 그 쇼는 계속되어야 할 것이다. 그래, 꼭 노래 제목이 아니라도 가족의 행복을 위해서라면 나는 이 과장되고 지리멸렬한 쇼를 계속할 것이다.

(2004, 『전북문단』 47호)

동그라미 행복론

과연, 내가 그린 동그라미 크기는 적당한 걸까. 요즘 내가 행복한 것 같기도 하고 행복하지 않은 것 같기도 한 생각과 씨름하는 시간이 많아진 걸 보면 아무래도 내가 그린 동그라미가 너무 큰 게 아니지 모르겠다. 때때로 난 동그라미 크기에 비유해서 행복의 척도를 재는 이런 일들이 매우 놀랍게 느껴진다.

내가 결혼하기 전이니까, 꽤 오래 전 이야기다. 당시의 난 결혼에 대해 대단한 환상을 가진 철없는 몽상가였다. 하기야 이십대는 누구든 그랬으리라. 그 환상은 너무 터무니없어 지금 생각하면 쓴웃음이 입가에 걸린다. 심지어 아이의 이름이 예쁘고 근사하려면 성씨도 흔한 김 씨나 이 씨는 안 된다는 생각이었다. 그 때 나의 이

상형의 성씨는 민 씨나 한 씨, 혹은 지 씨가 아니었나 싶다. 그렇게 까다롭던 그즈음 우리 앞집에 시부모를 모시며 고단한(그때의 내 생각엔) 시집살이를 하는 새댁이 있었다. 그때, 난 왜 그 새댁이 행복하지 않을 거란 생각을 했는지 모르겠다.

어느 날 그녀와 차를 마실 수 있는 기회가 생겼다. 시부모를 모시는 일은 내 결혼 계획에 없었기 때문인지 크지 않은 아파트에서 시부모와 화장실을 같이 쓰는 그녀가 딱해 보였다. 차를 마시며 이런 저런 얘기 끝에 난 그녀에게 행복한가 물었다. 그녀는 대답 대신 놀라운 얘기를 했다. 그녀는 성당에 다니는 것 같았다. 신부님이 결혼하기 전에 자기에게 하신 말씀이 있는데 그 얘기가 꼭 맞는 얘기인 것 같다며 밝게 웃었다. 결혼생활하면서 모든 일은 마음먹기에 달렸다며 살아가면서 동그라미를 너무 크게 그리지 말라고 하셨단다. 처음부터 너무 큰 동그라미를 그리게 되면 그 큰 동그라미가 채워지지 않는 결핍감과 조급함에 불행을 느끼게 될 거라며 될 수 있으면 동그라미를 조그맣게 그리라고 했단다. 그렇게 되면 동그라미는 항상 넘치게 될 거고 그 만족감에 쉽게 행복해진다는 얘기였다. 그래서 자기는 항상 작은 동그라미를 그리기 때문인지 행복하다고 했다. 잠시 혼란이 왔다.

큰 동그라미는 불행? 작은 동그라미는 행복? 작은 동그라미에 안주한다면 도약의 기회는 줄어들고 결국은 쪼그라져 얼마나 초라할까. 그러나 이후로 이 얘긴 내게 어디서든 편리하게 작용했다. 작은 동그라미를 그리며 행복해지기도 하고 큰 동그라미를 그리며 실패를 합리화시키기도 했으니까 말이다.

결혼은 신기루가 아니고 현실이라는 걸 깨달으며 동그라미 크기에 따라 정말 행복해질 수도 있을 것 같아 난 서른이 훨씬 넘어 그 흔한 이 씨와 결혼을 했다. 그러나 결혼하고 난 후 그 동그라미 크기가 잘 조절되지 않았다. 내 동그라미의 크기는 항상 너무 크거나 아니면 너무 작아서 모든 게 불만이고 시시했다.

그 새댁이 그렸던 행복한 동그라미는 도대체 얼마만 한 크기였을까. 모든 게 삭아질 세월이고, 나이인데도 도무지 포기할 수 없는 것들이 날 들볶았다.

일 때문에 고속버스로 장거리 여행을 할 때가 종종 있다. 그 때마다 느끼는 건데 사람들은 모두 어디론가 전화를 한다. 그리고 어디선가 전화가 걸려온다. 벨소리도 없는데 어둠 속에 누군가와 끝없이 얘기한다. 몇 시쯤 도착할 건가, 어디쯤 오고 있는가, 마중 나갈 건가, 식사는 어떡했는가. 어찌 보면 너무도 사소한 이야기들이 오가는 전화 내용은 유치하고 소모적이기까지 하다. 하지만 그 사소함이 누군가가 관심을 보인 거라고 생각하면 한없이 따뜻하고 부럽기까지 하다. 미동도 없이 잠잠한 내 전화기를 내려다보며 잠시 쓸쓸해지는 것도 그 때문이다. 우리 가족들은 내가 몇 시에 도착하는지 궁금하지도 않은 걸까. 딸애는 학원에 갔을 시간이고 남편은 쑥스러워 전화 못할 수도 있겠지. 순간 보름달같이 커다란 동그라미가 손톱만 하게 작아진다. 집에 와보니 뜻밖에 남편이 저녁을 해놓고 기다린다. 이 땐, 기다리는 사람이 내가 아니고 딸이어도 상관없다. 갑자기 손톱만 한 동그라미가 차고 넘쳐 행복이 범람한다.

동그라미의 의미는 참 교훈적이다. 모나지 않음에 편안하고, 가운데가 비어 있어 뭔가 채울 수 있는 기대감과, 비워두어도 허전하지 않아 별다른 욕심이 없어진다. 아, 또 있다. 결코 끝나지 않을 영원함의 형태가 영화롭다. 그래서 결혼이나 언약의 증표로 동그란 반지들을 주고받는 것인지도 모른다. 그 옛날 앞집의 새댁이 그린 동그라미는 혹시 자기 결혼반지 크기는 아니었을까. 아득히 세월이 흘러갔지만 지금도 그 새댁의 동그라미 행복 론은 내 가슴에 문신처럼 새겨져 있다. 그리고 내가 세상에 대해 혹은 사람과의 관계에 대해 욕심을 부릴 때마다 내가 그려야 할 동그라미의 크기를 적당히 정해준다.

우리 집은 작다

'남들에겐 꿈이지만 ○○에겐 생활입니다.'

돈하고는 아무 상관없는 것처럼, 모든 게 당신의 선택에 달렸다는 듯한, 카피의 아파트 광고가 끝나가고 있었다.

"저기서 살고 싶다. ○○로 이사 갔으면 좋겠다."

TV 앞에 앉아 있던 딸이 혼잣말처럼 한마디한다.

나는 광고를 즐겨 본다. 그리고 우리나라 광고 수준이 상당히 높아졌다는 생각도 해본다. 때론 난해 할정도로. 콘티가 좋은 광고를 보고 있으면 김빠지는 웬만한 프로그램보다 나은 것 같기도 해서 그 광고가 다시 나오기를 기다리기도 한다. 그런데 요즘 광고 중, 참을 수 없는 광고가 몇몇 있다.

자존심까지 건드리며 고약함을 떠는 아파트 광고가 그 중 하나이다. 억대가 넘는 아파트 광고를 하면서, 그 아파트를 선택하지 않는 건 오직 센스 없고 경제에 아둔해서인 것처럼 얘기한다. 마치 그 아파트에서 살지 않으면 인격도 품위도 없는 사람이 될 것처럼 들려 언짢다. 많은 사람들이 경제적인 이유로 그 멋진(광고 내용대로라면) 아파트로 이사 가지 못한다는 걸 모르진 않으리라.

우리 집은 작다. 20평대의 아파트를 큰 집이라고 말할 사람은 없을 테니까.

난 이집이 참 좋다. 주변에 과수원과 숲이 있고 걸어서 동물원에 갈 수 있어 좋다. 또, 맛있는 빵을 하루 세번 굽는 빵 가게가 있어서 좋다. 그리고 무엇보다 이 집에서 난 쓸쓸하지 않아서 좋다. 세 식구 사는 우리 집이 너무 커서 거실과 주방이 뚝 떨어져 있어 나 혼자 설거지 따위를 하고 있을 생각을 하면 외롭고 쓸쓸해서 참 불행했을 것이다.

우리 집 주방에서 난 무엇이든 볼 수 있고 들을 수 있어 좋다.

거실 소파에 길게 누워 TV를 보고 있는 남편을 볼 수 있고, 자기 방 침대에 엎드려 콘칩을 씹으며 《보그》나 《논노》 잡지를 보고 있는 딸을 바라볼 수 있어 즐겁다. 이럴 때 남편이나 딸의 기분까지 알아볼 수 있다는 건 매우 경이롭다. 가령, 남편이 딸애 이름을 길고 느리게 자꾸 부르면 기분이 좋을 때고, 손가락으로 탁자를 반복해서 탁탁 친다든지 담뱃갑에서 나온 은박지로 학이나 반지 같은 걸 접을 땐 작은 근심이 있을 때다. 그럴 땐 난 아무것도 묻지 않고 얘기하지도 않는다. 그 근심들은 대개 사소한 것들이어서 나까지 끼어들 필요는 없다. 다만 조용히 그릇 소리만 낼 뿐.

컴퓨터 앞에 앉아 일본 노래를 들으면서 새로 살 운동화라도 검색하고 있는지 딸애의 볼이 불룩하게 튀어 나온다. 이럴 땐 딸이 유쾌할 때다. 뭔가에 열중해 있을 때 볼이 튀어 나오는 딸의 모습은 언제 봐도 달콤하다.

이런 풍경들이 순조롭게 반복되는 나날 속에서 어쩌다, 창 밖에서 빗소리라도 들리면 우리 식구가 다 들어와 있다는 안도감에 목이 메이게 행복해진다.

그런 날은 그토록 추상적이던 행복이란 단어가 구체적으로 모습을 드러내며 다가오는 날이기도 하다. 변기에 앉아서 커피를 마셔도 역겹지 않을 정도로 예쁘고 작은 이집에서 우리 가족은 그럭저럭 행복하다. 창문을 닫아도 답답하지 않은 이 계절엔 작은 집이 얼마나 살 만한 곳인가를 느끼기에 더없이 좋다. 그리고 딸과 난 5% 정도의 알코올이 들어 있는 분스 피치를 마시며 빵 가게의 친절한 주인 얘기를 하거나 갓 구운 호박빵 냄새 얘기를 하며 젖은 목소리의 JK동욱의 노래를 듣는다.

집이란 크고, 작고, 누추하고, 호화롭고를 떠나서 가족이 휴식하며 내일을 위해 충전할 수 있는 쾌적한 곳이면 충분하지 않을까 생각한다.

탄생과 결혼과 죽음으로 오랜 세월 정화된 곳이 비로소 집의 의미를 지닌다면, 새 아파트를 따라 철새처럼 아침 먹고 이사하고 점심 먹고 이사 가는 요즘의 집은 임시 정거장 같아 왠지 씁쓸하다.

이 가을, 공허하고 쓸쓸해질 때 온 식구가 북적대던 옛날 그 작고 추억이 많은 집을 생각해보면 좀 더 마음이 풍요로워지지 않을까.

포르셰(porsche)는 사셨나요?

남: 결혼한 지 얼마나 됐죠?

여: 2년요.

남: 난 장장 25년.

여: 중년의 위기를 겪고 계시나 봐요. 포르셰는 사셨나요?

남: 한 대 살까 생각 중이죠.

영화 〈사랑도 통역이 되나요?〉의 한 장면에서 중년의 남자주인공과 젊은 여자 주인공이 주고받는 대사이다. 이 장면을 보면서 난 많이 의아했다. 중년의 위기에 웬 자동차 얘기가 나오는지. 도대체 포르셰와 중년의 위기는 어떤 관계일까?

그리고 얼마 후 신문에서 이런 글을 읽을 수 있었다.

"미국에서는 중년의 위기를 겪는 남성들 중 젊음의 끝자락이라도 붙잡고 싶은 심정에서 스포츠카를 사는 사람이 있다. 스포츠카는 혈기 왕성한 젊음을 상징하지 않는가. 그리고 미국 대중의 뇌리에는 포르셰가 가장 대중적인 스포츠카로 인식되어 있다.

'중년의 위기와 포르셰', 사실 이것은 고정화된 이미지에 근거한 과장된 밀월관계라고 볼 수 있다. 어쨌거나 중년의 위기 하면 포르셰를 연상시켜 농담을 할 정도로 미국의 문화적 코드 중 하나로 이 둘의 관계는 끈끈하다."

비로소 영화 장면이 이해되었고 공감이 가는 부분도 없지 않아 고개를 끄덕이는데, 문득 남편의 얼굴과 포르셰가 겹쳐진다. 혹시, 남편도 포르셰가 필요한가? 순간, 고개가 가로 저어진다. 설마 그 무딘 남자에게 중년의 위기 같은 게 있을라고? 아니, 요즘 부쩍 흡연량이 늘어나고, 중년의 일탈을 소재로 한 드라마를 보면서도 예전 같지 않게 긍정적인 태도를 보인다. 어딘가를 가고 싶어 하고, 가자고 조르는 걸 보면 좀 달라진 것 같기도 하다. 그가 제일 싫어하는 게 여행쯤 될 거라고 생각하고 있는 나로선 뜻밖이다.

지난주 고창 선운사로 꽃무릇을 보러 갔을 때다. 꽃무릇 동산에서 즐겁게 환호하는 딸과 내게 남편은 손사래를 치며 사진 찍기를 거부했고 한사코 혼자 있고 싶어 했다. 멋없고 싱겁다고 입을 삐죽

거리다 뒤돌아보니 등을 보이며 담배를 피우고 있는 모습이 너무 쓸쓸해서 가슴이 덜컥 내려앉았다.

해질 녘엔 미당 시 문학관에 들렀다. 생전의 미당이 앉아 관악산을 바라보았다던 낡은 의자에 앉아 잠시 미당의 체취를 느끼려는데, 어디선가 손가락 하나로 두들기는 피아노 소리가 들려왔다. 〈아리랑〉이었다. 미당의 책과 옷가지, 그리고 원형 탁자와 피아노, 이 모든 게 너무도 낡아서 아득한 세월의 흔적을 보는 듯 슬픔이 밀려왔다. 거기다 누군가, 애잔해서 동강 날 것 같은 소리로 〈아리랑〉을 치는 것이었다. 호기심에 피아노 쪽으로 가 보니 뜻밖에 남편이 피아노 앞에서 한 손으로 건반을 두드리고 있었다. 몹시 낯설었다. 살면서 한 번도 보지 못했던 모습이었다. 허무와 외로움 같은 게 잔뜩 내려앉아 있는 듯, 처진 어깨가 안쓰러웠다.

요즘 난 뜨거운 기운이 한바탕씩 온몸을 휘감고 지나가곤 해서 여름이 지났는데도 선풍기 없인 견디기 힘들 때가 있다. 사람들은 갱년기의 한 증상이라고 말한다. 두근거리고 화끈거리는 이러한 변화들이 여자로서 끝을 보는 듯해서 절망스럽다. 나 혼자만 세월을 견뎌 내는 듯 억울해서 오만 앙탈을 다 부리던 생각이 나서 슬며시 미안한 생각이 든다. 남성에게도 갱년기가 있다고 들었는데도 무뚝뚝한 남편이라 모든 감정이 바위 같을 거라는 생각으로 무심했던 게 염치없고 민망하다.

누군가, 마흔은 가장 정력적인 때 버려지는 나이이자 이미 서산에 지는 해라고 말한다. 그런 마흔이 넘은 지 강산이 변한다는 세월이 지났으니 남편도 분명 감정의 위기가 있을 법하다. 마음은 스무 살을 넘기지 않으려는 듯 나는 주책없이도 찢어진 청바지를 입고도 부끄러움을 쉽게 버린다. 내가 이럴 때 남편이라고 세월을 비껴갈까. 혹시 누군가 남편에게 '포르셰는 사셨나요?' 하고 묻는다면 '그럴까 생각 중이죠.' 라고 대답할지도 모를 일이다. 그렇다면 그 포르셰가 내가 되면 어떨까?

(『좋은문학』 28호)

컬러링

수화기 저쪽에서 왈츠가 흐른다. 왈츠를 배경으로 선배의 집이 그린 듯 떠오른다. 누워서도 열매를 따먹을 수 있을 것같이 가지가 늘어져 풍요롭던 보리수, 빨간 앵두 대신 귀한 하얀 앵두가 휘어진 가지에 가득 달려 마치 진주 목걸이 같던 우물가의 앵두나무, 화려하고 탐져서 모란처럼 휘황하던 장미꽃, 꼭, 모란 송가가 아니라도 마침내 꽃을 꽃답게 볼 수 있었던 눈부신 한나절, 봄 내내 모든 이들을 꽃내에 취하게 했을 라일락, 낡은 나비장과 낮은 천정이 정겹던 선배의 한옥이 흑백사진 속의 풍경처럼 아스라했다. 선배는 집에 없는 듯 전화를 받지 않는다. 이상했다. 그리고 처음으로 컬러링이 그다지 나쁜 것만도 아니란 생각이 들었다.

난 컬러링이라는 걸 좋아하지 않는다. 아니, 단순히 좋아하지 않는 정도를 지나 몹시 싫어한다. 이건 음악을 좋아하고 싫어하는 것과는 별개의 일이다. 바쁜 일상으로 종종걸음을 치는 나에겐 기존 신호음 대신 수화기 저쪽에서 들려오는 비웃듯 그 유유자적한 음악 소리는 정말 참을 수 없다. 울리는 횟수로 계산되는 신호음과 달리 시간이 감지되지 않는 음악 소리를 막연히 듣고 있노라면 조급함에 더 이상 이성적이 될 수 없음을 종종 느낀다. 물론 내 전화기엔 컬러링 같은 건 없다. 컬러링이라는 게 본인은 들을 기회가 별로 없음에도 꼭 자기가 좋아하는 음악이나 유행음악을 선택하게 된다. 유행하는 곡이 모든 이에게 공감될 수 없는데도 말이다. 용건이 급해서 전화했다가 통화도 못하고 토하듯 다급하게 왈칵 흘러나오는 노래 한 소절을 반복해서 들어야 되는 건 어쨌든 약간의 인내가 필요한 건 사실이다. 거기다 심한 경우 나쁜 음질의 음악이라도 듣게 되면 거의 분노에 가까운 게 치밀 때도 있다.

남편에게 전화할 때마다 짜증이 났다. 물론 컬러링 때문이다. 딸애가 고른 음악이 내 맘에 안 드는 건 당연했다. 남편의 취향을 무시한 채로 반드시 내 맘대로 하는 게 몇 가지 있다. 이를테면 향수를 고르는 일, 정발제의 향을 결정하는 일, 그리고 차의 방향제 따위를 선택하는 일이다. 이건 어쩔 수 없다. 바르고 뿌리는 건 남편일지 모르지만 가장 가까이서 냄새를 맡는 건 나이기 때문에 냄새에 예민한 나로선 절대로 포기할 수 없는 일이다. 컬러링 음악 선택도 이런 맥락에서 보면 같은 일이다. 내가 더 많이 들어야 되는 소리이기 때문이다. 음악은 내가 고르기로 하고 남편 핸드폰의 컬러링을 바꿨다. 이루마의 〈MAYBE〉를 골랐다. 적어도 왈칵 토하듯 튀어나오는 노래보다 나을 것 같아서이다. 남편은 별 말이 없다. 하기야 별일도 아닌 것에 까다롭게 구는 내가 귀찮기도 할 것이다.

통화 연결음으로 〈MAYBE〉를 선택한 건 잘한 일인 것 같았다. 통화가 이루어지지 않았을 때 웬일인지 끓어오름이 전혀 없었다. 음악을 듣고 있노라면 설령 상대가 전화를 받지 않아도 화가 나지 않았다. 노래 제목처럼 아마도, 무슨 사정이 있겠지 하며 이해하고 싶어진다. 평소에 '〈MAYBE〉를 듣고 있으면 그 투명한 피아노 소리에 모든 게 정화되는 듯 차분해진다. 이해하고, 사랑하고, 소통하고, 용서하고, 불화를 모르는 평화의 메시지처럼 벅차다. 짧은 소절이긴 하지만 수화기 속에서도 이런 느낌은 변함이 없다. 컬러링에 대한 편견과 아집을 버리게 될 것 같은 신통한 곡들은 〈MAYBE〉 말고도 더 있다. 〈퐁당퐁당〉이나 〈셸리 가든〉, 〈카사비앙카〉, 〈얼음연못〉, 그리고 선배 집의 왈츠까지.

결국 컬러링의 여유로움을 못 견디는 건 느림의 미학을 모르는 조급함 때문이 아닐까. 기본 신호음에 익숙해져 시간의 흐름이 길게 느껴지는 음악 소리를 참아내지 못하는 건 아닌지 모르겠다. 다

들 컬러링을 단조로운 신호음보다 낫다고 생각하는데 나만 불편해하는 건 변화를 힘들어하는 촌스러운 증상이 아닐는지. 세상은 숨가쁘게 변해간다. 숨 막히게 변하는 세상을 좇다보면 심장이 터질 듯 버겁다. 그냥 모르는 척 능청스럽게 옛것을 고수하는 것도 정신건강에 좋을 듯하다. 변하지 않으면 살아남기 힘든 세상이라고들 한다. 그러나 그냥 그대로 있어도 좋을 것들이 너무 순식간에 변해버려 쓸쓸해진다. 물론 내 전화기에 컬러링은 안 할 것이다. 나 하나쯤 옛 신호음을 고집한다고 해서 세상이 멈추기야 하겠는가.

(『미래문학』 18집)

이름을 부르는 커피숍

지난겨울, 딸애가 열광하는 가수의 공연이 서울에서 있었다. 딸은 공연티켓을 사려고 새벽 5시에 나가 다음날 새벽 1시까지 영화 촬영장에서 아르바이트로 엑스트라까지 했다. 티켓 예매도 경쟁률이 굉장해서 돈이 있다고 다 되는 게 아니라고 했다. 공연에 갈 수 있는 자체가 행운이라며 딸은 들떠 있었다. 난 고민했다. 서울까지 보내야 될 것인지 혼을 내야 될 것인지. 그것도 저녁 공연이라 공연이 끝나면 밤 9시가 넘을 것 같아 추운 날씨에 돌아올 일이 더 걱정이었다. 친구와 달랑 둘만 간다는 것도 불안했다. 서울이라는 데가 어디 만만한 곳인가. 예상대로 남편은 노발대발하며 언제까지 애한테 휘둘리며 살 거냐고 야단이었다. 딸에게는 서울의 살벌함을 극단적인 예를 들며 겁을 준다. 공연에 못 갈까봐 전전긍긍하던 딸이 저도 다 자랐다며 끝내 광기에 가깝게 대들기 시작했다. 다 자랐기에 말리는 걸 왜 모를까.

누구도 나무랄 수 없었다. 묘안이 없을까 며칠을 생각한 끝에 딸을 보내기로 했다. 아니, 내가 같이 가기로 했다. 그것은 모두가 평화롭기 위한 것이기도 했지만 좋아하는 것에 대한 갈망과 욕구를 누르는 게 쉽지 않다는 걸 알아서이다. 더구나 문화적 감수성을 억제하는 건 더욱 고통스럽다는 걸 누구보다 내가 더 잘 알기 때문이다. 보고 싶은 공연을 포기해야 하는 건 우울하고 불우한 일이다. 딸은 티켓을 구하느라 충분히 힘들었다. 이제 내가 이해해야 할 차례다. 그리고 남편을 설득하는 것도 내 몫이었다.

딸을 공연장에 두 시간 먼저 들여보내고 티켓이 없는 나는 무려 다섯 시간 정도를 어딘가에서 보내야 했다. 낯선 주변이 두려웠다. 조용한 커피숍이라도 찾으려 얼마를 걸었는데도 보이는 건 거의 테이크 아웃점뿐이었다. 작아서 빠듯한 가게들은 분주하고 수선스럽게 움직이고 있었다. 조용히 앉아서 책을 읽는 건 고사하고 자기가 주문한 음식도 차분하게 먹을 수 없을 것 같았다. 차라리 묻는 게 나을 듯싶어 지나가는 사람을 살피는데, 마침 길 건너편에서 폭탄을 맞은 것처럼 파마를 한 남자가 만화책을 읽으며 걸어오고 있었다. 우스꽝스런 그 모습이 오히려 친근해 보여 그 남자에게 다가갔다. 보기보다 친절한 남자였다. 오래 앉아 있어야 하는 사정을 얘기하며 적당한 장소를 찾는 내게 그는 위치를 대충 알려주는 대신 커피숍으로 직접 안내했다. 요즘 유행하는 프랜차이즈 커피 전문점이었다. 그가 사람들 틈을 비집고 들어가 벽 쪽에 위치한 구석진 자리를 잡아주었다. 좀 시끄럽긴 했지만 탁자 위에 늘어진 조명이 몇 시간쯤 책을 읽어도 좋을 듯싶어 그의 친절이 더욱 고마웠다.

커피를 주문하자 종업원이 내 이름을 물었다. 커피숍에서 이름 따위를 왜 묻는지 의아했지만 이유를 물을 순 더욱 없었다. 잠시 후 누군가 내 이름을 부르는 소리가 들렸다. 놀라서 달려가 보니 내가 주문한 커피가 나왔다.

'아하, 번호 대신 이름을 부르는 커피숍이었구나!'

모든 걸 숫자로 대신하는 요즘 세상에 누군가가 내 이름을 불러 커피를 건네주는 다정함에 당장 친밀감이 느껴졌다. 누군가가 내 이름을 불러 준다는 것, 그것은 생소함보다 과장되게도 나의 정체성까지 생각하게 했다. 살아가면서 이름을 불릴 일이 얼마나 있을 것인가. 더구나 결혼한 여자로 살아가면서 말이다. 어쨌든 번호가 주는 딱딱함보다 설렘까지 느껴져 나쁘진 않았다. 김춘수의 〈꽃〉이란 시詩가 생각난 것도 이 때문이었을 것이다.

그는 커피도 거절한 채 시간이 조금 남는다며 읽던 걸 마저 읽고 가겠다고 했다. 그리고 내가 있다는 걸 잊은 듯 만화에 몰입했다. 주변엔 소음 속에서도 혼자 책을 읽거나 과제 같은 걸 하는 사람이 많았다. 그들은 뉴요커들처럼 커피를 마시며 베이글을 먹고 있었는데 혼자인 걸 별로 신경 쓰지 않는 듯했다. 이게 서울의 커피숍 문화인가 싶었다. 얼마 후 남자가 만화책을 덮었다. 그는 대학생이었고 만화가 좋다고 했다. 위치만 가르쳐줘도 될걸 직접 온 이유를 물으니 딸을 위해 이런 수고를 하는 모습이 좋아 보여 왔다고 했다. 그는 머리 스타일과는 달리 매우 순수했고 예의바르고 공손했다. 하기야 길을 걸으면서 만화를 읽을 수 있는 독특함이 예사롭진 않았었다. 그와 난 많은 이야기를 했다. 좋아하는 가수와 좋아하는 음악, 영화와 커피 이야기(그는 커피를 싫어했다.), 가보고 싶은 곳, 그리고 봄에 입대한다는 것. 그는 자기가 사는 잠실의 매력을 조용조용 얘기했고 난 내가 사는 전주의 매력을 좀 크게 얘기한 것 같기도 하다.

유쾌했다. 내 얘기를 진지하게 들어주는 그의 눈빛이 잠시 내 나이를 잊게 했다. 20대 젊은이와 공통된 화제를 가지고, 처음 만났음에도 별다른 경계 없이 공감대를 느끼며 얘기할 수 있다는 게 즐거웠다. 무엇보다 세대 차이를 안 느끼고 그와 소통할 수 있는 내 취향과 의식이 어색하지 않아 기분 좋았다. 그가 시계를 보며 일어났다. 외할머니가 오시기로 돼 있어 가봐야 한다고 했다. 언제부턴가 짐이 되어버린 노인, 그 할머니를 기다리는 손자가 얼마나 될까. 그러나 그에겐 할머니를 반기는 것과 효孝 같은 정서가 그다지 낯설어 보이지 않았다. 오히려 그라면 할 만한 일인 것 같았다. 거부하고 잊으려고 애쓰는 노인의 존재나 숫자와 번호로 상징되는 모든 것들은 어쩌면 메마르고 삭막함이 주는 공통된 의미인지도 모르겠다. 황량한 사막 같은 요즘 세상에 이름을 불러주는 커피숍과 할머니를 그리워하는 젊은이는 마치 사막의 오아시스처럼 아름다워 보였다. 이미 어두워진 유리창 너머로 불빛을 의지해 작아지는 그의 뒷모습을 보면서 난 생각했다. 이름을 불러주는 커피숍만큼이나 신선하고 특별했던 그와의 시간이 생각보다 오래 기억될 것 같다고.

아아, 금각사

그곳에 가면 과연 그토록 아름다운 금각이 있기는 있는 걸까. 금각은 그렇게 날 교란했다. 그럴 때마다 난 눈을 감았다. 눈을 감으면 무수한 빛의 파편 속에 금각이 서 있곤 했다. 그러나 더 이상 금각을 상상만 할 수 없었다. 보고 싶었다. 감은 눈 속에 나타나는 금각이 아니라 햇빛을 받아 엄청난 빛을 발하고 있는 실제의 금각이 보고 싶었다. 금각이 있는 교토에 가고 싶어 꿈꾸듯 먼 산을 자주 봤다. 여행을 싫어하는 내가 처음으로 목적을 두고 떠나는 여행을, 그것도 해외여행을 갈망하게 된 것은 순전히 금각사 때문이었다.

올해 2월 딸애가 중학교를 졸업했다. 일본 문화를 좋아하는 딸과,

금각을 보고 싶어 하는 내가 일본으로 여행을 가고 싶어 하는 건 당연한 소망이리라. 그리고 딸과 난 3년의 수고로움을 서로 위로하며 일본으로 여행을 떠났다. 도착 첫날 멀리 바다가 보이는 호텔에서 딸과 난 유카타를 입고 차를 마시며 마시멜로우를 먹었다. 차에는 마시멜로우가 썩 어울리진 않았지만 그런 건 아무래도 좋았다. 금각사 관광을 기다리는 나와 오사카 시내 관광을 기대하는 딸에겐 그런 사소한 부조화쯤은 얼마든지 참을 수 있었다. 다만, 내일 새벽 알람 소리가 잘 들릴지 그것만 걱정이 됐다.

내가 미시마 유키오의 〈금각사〉란 소설을 읽게 된 동기는 사실 소설 내용보다 1970년 자위대 궐기를 외치며 45세에 할복자살한 작가의 극적인 생애에 더 끌려서였다. 그러나 소설을 읽으면서 금각의 아름다움에 인생을 지배당한 주인공 미조구치에게 더 빠져 들었다. 미美에 대한 질투로 인해 금각에 불을 지름으로써 자신이 금각을 지배하고자 하는 처절함에 매료됐다. 내가 금각사에 그토록 열광했던 건 누구든, 어떠한 건축물의 아름다움에 중독될 수 있다는 걸 강하게 공감했기 때문인지도 모른다.

가이드에게서 부적처럼 생긴 독특한 금각사 입장권을 받아 쥐었을 때 비로소 내가 실제로 금각을 보게 된 게 실감이 났다. 거짓말처럼 금각이 내 앞에 나타났다. 온통 금빛의 몸을 하고 갑자기 물에서

솟은 듯 그렇게 홀연히 나타나 온몸을 반짝이는 그것은 전설인 양 아득했다. 햇빛을 받아 눈부시게 빛나는 금각의 실체는 내가 금각사에 오기 전에는 사실 실존 자체가 느껴지지 않았었다. 경호지에 제 그림자를 거꾸로 비치며 서 있는 금각은 소설 속의 금각보다 훨씬 휘황했다. 새로 입힌 금박 때문인지 너무나도 완벽해서 도도하다 못해 섬뜩할 정도로 냉정해 보였다.

다가갈 수 없는 금각은 다만 보여주고 있을 뿐이었다. 소설과는 달리 내부를 볼 수 없는 실망과, 닿을 듯 가까웠지만 닿지 않는 요원함에 쓸쓸했다. 마치 금각 지붕 꼭대기에 서 있는 봉황같이 이 세상의 것이 아닌 것처럼 상징적이고 멀어보였다.

"위엄으로 가득한, 우울하고 섬세한 건축, 가까운가 싶으면 멀고, 친하면서도 소원하고 불가사의한 거리에서 언제나 선명하게 솟아있는 금각."이라고 묘사한 마시마 유키오의 마음도 이러했을까.

햇빛의 각도에 따라 빛깔이 달라지는 금각을 지치도록 바라보고 있자니 금각의 아름다움에 침몰된 주인공 미조구치의 절망이 내 것처럼 느껴졌다. 정해진 한 시간이 다 지나도록 금각 앞을 떠나지 못하다가 정신이 번쩍 들었다. 결국 금각사 경내를 제대로 돌아보지도 못하고 버스 출발시간이 다 되어버린 것이다. 어둠 속에서도 결코 잠드는 일 없이 빛나고 있을 금각을 바라보고 싶었던 망상이 사라지면서 아쉬움이 산더미처럼 밀려왔다. 벤의 시 구절처럼 과연 여행이란 헛수고인가. 좀더 여유 있는 여행이었으면 하는 허망함에 새로운 코스로 향하는 발걸음이 그다지 가볍지만은 않았다. 달리는 말을 타고 산을 보는 게 이런 식이려니 싶었다.

저녁식사 후 쇼핑을 하기 위해 호텔을 나왔다. 무심코 하늘을 올려다봤는데 거기 보름달이 둥실 떠 있었다. 달빛이 깊고 푸른 건 일본이나 한국이나 똑같았다. 그러고 보니 정월 대보름달이었다. 달빛에 젖어 요요하게 빛나고 있을 금각이 다시 떠올랐다. 갑자기 취기처럼 가슴이 울렁거리며 두근대기 시작했고 당장이라도 경호지로 달려가서 금각을 보고 싶었다. 봤음에도 본 것 같지 않고 애초부터 본 적이 없는 것처럼 더욱 보고 싶어지는, 금각에 대한 그리움이 마치 몹쓸 병처럼 마음을 흔든다. 아쉬운 내 마음을 아는지 모르는지 쇼핑 생각에 잔뜩 부풀은 딸은 낯선 거리를 겁도 없이 나보다 더 빨리 걷는다.

---

* 금각사는 사리전인 금각이 특히 유명하기 때문에 통칭 금각사로 불리고 있으나 이 절의 정식 명칭은 녹원사이다.
* 경호지 : 금각이 서 있는 연못.

(2006, 『행촌수필』 9호)

키스하고 싶은 마음으로

여자의 발목은 희고 가늘다. 얼굴은 연분홍빛을 띠며 화사하게 빛난다. 남자는 그가 걸치고 있는 노란색 옷이 주는 느낌만큼이나 진실해 보이고 여자를 향해 숙인 고개에서는 강한 힘이 느껴진다. 별처럼 피어난 꽃들이 신비로운 빛깔로 여자와 남자의 주변을 압도한다. 남자의 목을 감고 있는 여자의 팔에서 잠잠한 평화와 고요한 환희가 묻어나고 여자의 머리를 안고 있는 남자의 두 손은 신뢰와 유정함만 있는 듯 격렬함은 없어 보인다. 빛들의 환호 속에서 키스하는 남자와 여자는 이 세상 사람들이 아닌 듯 몽환적이다.

이것은 오스트리아 화가 구스타프 클림트의 그림 〈키스〉에 대한 내 느낌이다.

좀 오래 걸었다 싶었던 정물화를 떼고 거실에 이 그림을 걸었을 때 난 설레었다. 그 눈부신 설렘의 근원은 무엇이었을까? 액자 코너 구석진 곳에서 먼지를 뒤집어쓰고 걸려 있던 이 그림을 발견했을 때의 반가움을 난 그냥 행운이라고 이름 지어 버렸다. 행운이란 말이 단숨에 나와 버린 건 키스가 주는 모든 좋은 의미도 있었겠지만 아마, 정초의 막연한 기대 때문이었는지도 모르겠다. 화집에서만 보았을 뿐 어디서도 만날 수 없었기 때문에 이 그림을 만났을 때, 새해엔 뭔가 특별할 것 같은 느낌이 강렬했다. 생활에서 오는 버거운 일들이 너무 많아 지치고 힘들었던 지난해를 잘도 견뎌낸 내 꿋꿋함이 대견해서 그림 앞에서 홀로 눈물겨웠다. 프린트이긴 해도 어쨌든 이 그림을 갖게 된 게 무척 행복하다. 꼭 걸고 싶었던 그림이기도 했고 무엇보다 그림이 주는 따스하고 감미로운 분위기에 전염되고 싶은 간절한 내 마음 때문이다.

대개의 사람들은 사랑스럽고 못 견디게 애틋한 게 있을 때 그것에게 뽀뽀란 이름의 키스를 한다. 내가 딸에게 시도 때도 없이 달려들어 입을 맞추려 드는 것도, 아마 그 때문일 것이다. 키스하고 싶지 않으면 감정의 끝을 보는 듯 쓸쓸하다. 키스는 애정과 존경, 격려와 관심, 또는 칭찬의 표현이 아니던가. 사랑하고 사랑 받고, 존중해 주고 북돋우고, 배려하고 지켜보며 다독이는 일들이 키스에 다 표현된다고 생각하면 참으로 위대하고 복된 행위가 키스가 아닌가 생각한다. 단순히 접촉한다는 자극적인 의미를 떠나 오롯

이 진실한 애정과 순수한 이끌림이 있는 마음 상태에서 하게 되는 키스란 얼마나 아름다운가.

새해 초순부터 이런 아름답고 황홀한 그림을 집에 둘 수 있어 내 마음이 희망으로 반짝반짝 빛난다. 그림이 주는 희망만큼이나 새해엔, 내 시간들도 휘황한 빛을 발하며 아름답기를 염원해본다. 그리고 그 귀하고 보배로운 시간들로 세례 받은 내 영혼이 순결하고 향기롭게 위안 받기를 소망한다.

(『전주매일』)

파경破鏡

화장대 앞에서 문득 답답했다. 흐릿하고 뿌연 거울 때문이었을 것이다. 안경을 벗은 탓도 있겠지만 그것과는 좀 다른 느낌의 침침함 같은 것이었다. 어느 날부턴가 아무리 닦아도 환해지지 않는 화장대 거울에서 짧지 않은 세월의 흔적을 본다. 혼수품으로 산 화장대니 20년이 다 되어가는 거울이다. 갑자기 경기하는 어린애처럼 부르르 몸이 떨려 왔다. 그리고 깨진 거울이 배달되던 그날, 공포에 가깝던 두려움이 어제인 양 다시 살아났다.

가구가 도착해 짐 정리를 하던 날, 너무 놀라 내 눈을 의심했다. 허술하게 포장한 다른 가구는 다 괜찮은데 오히려 꼼꼼하게 포장된 화장대 거울이 깨져 있었던 것이다. 언제 깨졌는지 누가 깼는지도 모르게 거울 전체가 가로로 길게 금이 가 있었다. 금 간 거울은 와르르 쏟아지진 않았지만 쓸 수는 없는 거울이었다. 불길했다. 그 불길함이 너무 강렬해서 등 쪽에 식은땀이 배어났다. 하필 혼수로 해온 거울이 깨지다니…. 거울이 깨지면 일어난다는 갖가지 안 좋은 징조들이 떠올라 언짢았다. 거기다 깨진 거울이 내 순탄하지 않을 결혼생활을 암시하는 것 같아 겁까지 났다. 결혼이 깨지면 파경이라고 하지 않던가. 갑자기 스포츠 신문이나 주간지에 깨진 거울 모양 속의 파경이란 글자가 난무하며 흉기처럼 날 위협했다.

겁이란 약간의 시간이 흐르면 원인을 제공한 사람이나 사물에 대한 분노로 바뀌게 마련인가. 난 가구점에 전화를 걸어 깨진 거울을 추궁하며 마구 화를 내기 시작했다. 이렇게라도 하지 않으면 정말로 내 결혼이 파경을 맞을 것 같아 마치 주문이라도 외우듯 필사적으로 대들었다. 가구점은 책임을 회피했다. 거울이란 애매해서 정확한 증거 없이는 변상할 수 없다는 거였다. 내가 깨뜨렸을 수도 있다는 얘기였다. 결국 거울을 다시 주문해서 새 거울을 걸긴 했지만 찜찜한 기분은 꽤 오래갔던 걸로 기억한다. 아직도 내 결혼이 파경이 아닌 걸 보면 거울이 깨지는 걸 크게 무서워할 일은 아니지만 아무튼 뭔가가 깨진다는 건 께름칙한 건 사실이다.

《춘향전》을 보면 오리정 이별 대목에서 춘향이가 이몽룡에게 지

환을 뽑아 정표로 건네주고 이몽룡은 춘향에게 신표로 거울을 주는 장면이 있다. 변치 않을 마음을 믿으라는 의미였을 것이다. 거울이 깨진다는 건 곧 믿음이 깨진다는 얘기일 수도 있겠다. 결혼생활에서 믿음이 깨진다는 건 결국 결혼 본질 자체가 깨지는 것일 것이다. 그래서 부부 사이가 깨지는 걸 파경이라고 하는지도 모르겠다. 거울이란 거짓 없이 보여주기 때문에 두려운 게 아닐까. 사실, 요즘 들어 거울 보기가 두려운 것도 깊어지는 주름살과 흰머리, 무너지는 턱선 같은, 늙어가는 징조들을 적나라하게 보여주는 정직함에 놀라서일지도 모른다.

예전엔 파경이란 기사는 매우 조심스럽고 예민하게 다뤄졌던 걸로 기억한다. 연예인 얘기가 주류였고 기사가 나면 당사자는 잠적상태였다. 물론 대외적인 활동도 거의 못했던 걸로 알고 있다. 요즘은 요란한 결혼식 이벤트의 끝맺음처럼 자연스럽게 파경을 맞는다. 그래서인지 몰라도 부끄러움을 쉽게 버리고 기자회견까지 한다. 짙은 색의 선글라스 하나 끼고 나와서 코 몇 번 훌쩍이고 울먹이며 미안하고 죄송하다는 내용의 기자회견 한번 하고 나면 모든 것이 용서되고 명분이 되어 버리는 세상이다. 결혼식이 야단스러우니 쉬쉬해야 할 파경마저 요란하다. 파경이란 말에 안타까움과 연민을 느끼던 때가 언제였던가. 그것마저 아련하다. 지금은 파경이란 말에 동정은 고사하고 냉소와 야유만 있을 뿐이다. 파경이 너무 쉽고 빈번하다는 생각 때문일 것이다.

삭아질 것은 다 삭아지고 포기 못할 것도 없는 듯 그저 모든 것에 데면데면해진 내 시간을 다 견뎌 낸 듯 뿌옇게 변해버린 화장대 거울이 정답다. 뿌연 거울 속에 오히려 감춰진 것들이 많아 세월 핑계 대며 그냥 두고 싶기도 하다. 하지만 잡티가 감춰진 얼굴보다 마음이 개운하게 밝아지는 게 더 좋을 것 같아 거울을 바꿔 볼 참이다. 세상에 깨지지 않는 거울이 어디 있겠는가. 다만 깨지지 않게 조심하는 마음이 더 많아서 깨지지 않게 간수되는 거울이 있을 뿐일 것이다. 지키려는 의지보다 깨지게 놔 버리는 무책임만 있다면 세상은 온통 깨진 거울투성이가 아닐까. 깨진 거울로 보는 세상의 일그러짐이란 또 얼마나 불행할 것인가.

(2007, 『문예춘추』 겨울호)

블루밍 어니언

베이비 백립.
블루밍 어니언.
치킨 텐더 샐러드.
부시맨 브레드.
레몬 에이드.
통고구마.

이건 얼마 전, 딸의 생일날 먹었던 훼미리 레스토랑의 런치 메뉴다. 난 이 음식들을 먹어 내면서 참 슬펐다. 그랬다. 그건 먹어 낸다는 표현이 가장 적절했다. 그리고 이제 와서 얘기지만 딸의 무심함에 약간 섭섭하기조차 했었다. 며칠째 속이 불편해서 뭘 먹는 게 조심스럽고 무섭기까지 했었는데 딸은 그새 그걸 다 잊어버린 듯 구운 갈비와 튀긴 양파, 얼음을 띄운 시큼한 레몬음료와 구운 고구마, 거기다 샐러드까지 치킨 샐러드를 주문했다. 나를 배려한 건 고작 달콤한 맛의 빵을 부탁한 것뿐이었다.

웬만해선 먹는 걸 망설여본 적이 없는 나였지만 이번 메뉴들은 지금의 내 위장엔 거의 도전이었다. 어쩔 수 없이 포크를 놀릴 때마다 미간이 좁아졌다.

"엄마… 맛없어?"

딸이 내 불편함을 알아차린 듯 미안한 표정으로 묻는다.

"아니……."

"난 맛있는데……."

"너 맛있으면 됐지 뭐. 오늘 니 생일이잖아……."

맛있게 먹는 딸애가 행복해 보여 그나마 다행이었다.

얼마 전 신문에서 읽은 기사가 잠깐 생각났다. 젊은 남녀를 대상으로 데이트할 때 식사 장소로 가장 가고 싶은 곳과 가기 싫은 곳을 조사한 내용이었는데 그 결과가 참 흥미로웠다. 여자가 가장 가고 싶은 곳은 훼미리 레스토랑이고 남자가 가장 가기 싫은 곳도 훼미리 레스토랑이었다. 폼나게 다양한 음식을 먹을 수 있다는 게 여자의 이유였고 입에 맞지 않는 음식을 비싼 값에 먹어야 한다는 게 남자의 이유였다. 그럼에도 불구하고 여자를 위해 치를 떨며 훼미리 레스토랑을 갈 수밖에 없는 남자들의 고충을 읽은 적이 있다. 공감이 갔다. 둘러보니 식당 안은 온통 젊은 남녀들로 북적댔다. 그러나 치를 떠는 표정의 남자는 없어 보였다. 그래, 상대가 행복해진다면 감수할 수 있는 일일 것이다.

블루밍 어니언, 블루밍 어니언, 동그라미를 굴리듯 자꾸 입속에 맴도는 이름이다. 은근히 기다려지는 메뉴는 블루밍 어니언이었다. 양파튀김이라는데 양파가 어떻게 꽃이 피어나듯 튀겨져 나올 것인지 정말 궁금했다. 그리고 그것은 좀 먹을 수 있을 것 같았다. 양파에 열을 가하면 어떻게든 달콤해지지 않던가.

"블루밍 어니언 나왔습니다."

오, 이런, 누가 음식에 이처럼 멋진 이름을 붙였을까?

탁자 위에 놓인 블루밍 어니언에서 수십 송이의 꽃잎이 피어나고 있었다. 갈색으로 변한 그 커다란 양파는 블루밍 어니언이란 이름에 꼭 맞게 꽃이 만발한 듯 환상적이었다. 꽃잎을 떼듯 조심스럽게 손가락으로 한 장씩 떼어 입 속에 넣고 오물오물 씹어 봤다. 입속에서 달콤함과 고소함이 다시 한 번 꽃구름처럼 피어났다. 좀 전에 불편하고 섭섭했던 마음까지 다 녹아 양파 속에 섞인 듯 가슴이 따뜻해지며 질척한 느낌마저 들었다.

"엄마, 이거, 이 레스토랑의 특허품이래."

밝아진 내 얼굴에 안심한 듯 딸의 목소리가 한 옥타브 높아져 있었다.

음식에도 특허가 있나보다. 하긴, 먹어서 이렇게 행복한 기분이 피어난다면 음식이 아니라 묘약일 수도 있겠다 싶었다. 즐겁게 축하해 줘야 할 딸의 생일을 망칠 뻔한 내 좁은 마음을 블루밍 어니언이 아니었으면 딸에게 들키고 말았을지도 모르리라.

우리는 상처 받아 아프고 쓰라릴 때의 마음을 표현할 때 양파를 먹었을 때처럼 싸아 하게 아려 온다고 말한다. 물론 날 것일 때일 것이다. 그런 양파에 약간의 열을 가하면 아린 맛은 다 없어지고 부드럽고 달콤해진다. 이런 양파의 속성은 얼마나 여린가. 때때로 사는데 지쳐 앙칼지고 독해진 우리의 마음도 누군가 눈물처럼 따뜻한 사랑 한 방울을 떨어뜨려 준다면 익힌 양파처럼 순하고 부드러워지지 않을까? 마치 꽃이 만발한 모습의 블루밍 어니언처럼…….

더 오래, 사랑스럽게

봄의 입구에서 그토록 우아하던 꽃송이를 참혹하게 떠나보내고도 의연했던 건 목련 나무였다. 졸지에 등불 같던 꽃을 잃어버린 나무건만 도무지 슬픔 같은 건 느껴지지 않았다. 오월의 목련 잎사귀를 기억한다면 씩씩해서 오히려 처연하던 초록이 떠오를 것이다. 꽃이 잠깐의 그늘을 만들다가 떠나간 것에 비하면 목련 잎은 여름 내내 커다란 녹색의 우산처럼 햇볕을 가리고 비를 피해줬다. 그리고 내내 목련 나무를 잊고 지냈다. 권태롭도록 펼쳐지던 초록의 계절 속에서 목련 잎도 어쩔 수 없이 초록이었기에 모든 초록과 함께 묻혀 버려서인지 모르리라. 습기가 없어진 바람이 불고 햇살이 투명하게 내리꽂혀, 초록이 지쳐 갈 때까지 목련 잎은 그냥 여느 나무와 같았다.

언제부턴가 노란 우산을 받쳐 든 듯 황금색 그늘이 발밑에 머문다. 도대체 이 그늘은 누구의 몸짓인가. 한 줄기 바람에도 제 몸을 지탱 못하고 우수수 떨어져 낙엽이 되고 마는 이 조락의 계절에 나무는 너무도 무성했다. 아, 목련. 경이롭게 바라보는 내 시선에 잡히는 건 뜻밖의 목련 나무였다. 여름 내내 다른 초록에 묻혀, 잊고 있던 목련 나무가 둥근 부채 같은 잎을 가득 달고 그렇게 그늘을 만들어 내고 있었다. 노란 풍선이 주렁주렁 열려 있는 듯 풍성한 잎사귀가 시린 하늘 밑에서 눈물겹도록 아름다웠다. 일찍 꽃을 여읜 나무가 겨울이 오도록 그 긴 시간 동안 강인하게 잎을 달고 견뎌 낸 힘은 어디서 오는 것일까. 순간, 버림에 대한 생각들이 날 강하게 흔든다.

요즘 우리는 뭐든 쉽게 버리며 산다. 아니, 버려지는 것들을 너무 많이 본다. 부적절함과 부도덕 앞에서 쉽게 부끄러움을 버리고 불편함과 부끄럼 앞에서도 염치와 겸손을 빠르게 팽개친다. 새로운 것 앞에선 모든 손때 묻은 옛것들이 폐품처럼 미련 없이 버려진다. 또 버겁고 난감하면 거침없이 놓아 버린다. 복잡해지는 게 싫어서일까. 지키려는 의지가 없다. 절대로 놓아서는 안 되는 것들, 진실 ,사랑, 정의, 도덕, 심지어 핏줄까지 슬그머니 놓아버린다. 마치 휴지를 버리듯.

인동초 혹은 금은화란 이름의 인동넝쿨 나무를 독일에서는 예랭어 예리버(더 오래, 사랑스럽게)란 별칭으로 부른다고 한다. 사실 난 그림으로만 봤을 뿐 실제로 인동초를 본 적은 없다. 그러나 꽃 이름에 끌리는 건 어쩌지 못했다. 아마, 겨울을 견딘다는 의미 때문이었는지도 모르겠다. 생각해 보니 '더 오래, 사랑스럽게' 란 별칭도 견디며 지킨다는 의미 같기도 하다. 애정 어린 시선으로 긴 시간 바라보다 보면 쉽게 버리고 잊기는 어려울 것이다. 사람은 물론이고 설령, 그게 말 못하는 짐승이나 생각도 없어 보이는 어떤 사물일지라도 크게 다르진 않을 것 같다.

떨어져 누운 목련 잎을 주워 가만히 보고 있자니 봄날의 참혹했던 꽃잎이 생각나 쓸쓸했다. 잎은 흐트러짐이 없이 당당했다. 고생스런 여자의 손금처럼 무수한 잔금이 생긴 잎사귀는 오래된 명화의 크랙처럼 긴 시간이 주는 무게마저 느껴졌다. 어찌 보면 일찍 떨어져 누운 꽃이 지아비인 양 수절한 여인의 파삭해진 심장 같기도 했고, 상실의 아픔을 담담히 삭인 미망인의 얼굴을 닮은 듯도 했다. 하필 목련 잎에서 버리지 못함, 아니, 쉽게 버리지 아니하고 견디며 지켜내는 숭고함을 보게 되는 건 무슨 까닭일까. 어쩌면, 버려지는 게 그토록 많은 세상에서 귀감이 될 만한 특별한 대상을 찾지 못한 답답함에 부리는 나의 억지인지도 모르겠다.

5. 크리스털 꽃병

음악은 왜

추억을 불러일으키는 데 음악만 한 게 또 있을까? 요즘엔 상상할 수도 없는 장소에서 음악을 들으면서 할 수 있는 일들이 너무도 많다. 음악을 좋아하는 사람에겐 참 경이롭고 행복한 세상이다.

내 소녀시절엔 음질이 나쁜 복사판과 AM 라디오의 심야프로그램이 음악 감상의 전부였다고 해도 과언이 아니다. 그래서 음악다방의 DJ에게 그렇게 열광했는지도 모른다. 지금도 〈잠자는 호수〉를 들으면 이 곡을 시그널로 썼던 심야프로가 생각난다. 그리고 그걸 들으며 시험공부하던 단발머리 소녀인 내 모습과 낡은 책상, 그리고 모양 없던 라디오가 생각나 몹시 옛날을 그립게 한다.

〈썸머 타임〉을 듣고 있으면 나만의 내밀한 즐거움에 빠지게 되는 까닭은, 거쉰을 사랑했던 시인 박인환이 생각나고, 어느새 나는 타임머신을 타고 '50년대의 명동으로 갈 수 있기 때문이다. 음악다방 은성과 돌체에서 낭만을 만끽하고, 이 시대의 마지막 로맨시스트들을 만나기 위해 동방 살롱에도 들러본다. 물론 그 시대의 비애와 암울까지도 함께 껴안으면서.

억세게 비가 내리고 습한 날은 까닭없이 우울해지고 안개꽃과 멜라니 서프카를 좋아하던 친구가 생각난다. 지금은 소식이 끊긴, 그 친구가 즐겨듣던 〈루비 튜스데이〉를 듣다보면 어느덧 16세의 순수에 빠져들게 된다. 이때만은 노래의 내용은 별개의 것이 되고 아주 오래된 옛일도 엊그제 일처럼 선명해진다. 음악은 도덕적이 아니어서 좋다고 말한 헤세가 그래서 좋다.

봄의 입구에서 입덧하는 여자처럼 봄앓이를 시작하면서 듣던 〈록키산에 봄이 오면〉이란 노래는 아련한 추억을 불러일으킨다. 이름이 기억나지 않는 그 남자가수의 젖은 목소리는 정말이지 가슴 저리게 누군가를 그립게 했던 기억이 난다. 조회시간마다 듣던 〈쌍두의 독수리〉, 점심시간 교정 가득히 안개처럼 스미던 차이코프스키의 〈안단테 칸타빌레〉, 그리고 다소 진보적이던 선생님이 수업 시간에 불렀던 〈아침이슬〉은 왠지 가슴의 통증으로 남아 있다. 유년시절 외할머니 앞에서 부르던 〈새드 무비〉, 지금 생각하면 그 고운 노래 다 두고 왜 하필 어른들의 노래를 불렀을까? 아마 유행 탓이었을 것이다. 이 글을 쓰면서 듣는 리스트의 〈위로〉

란 피아노곡도 훗날 내 추억의 한 귀퉁이에서 다시 들려올지도 모르리라. 음악은 왜, 지나간 시간들을 그립고 아득하게 하는가.

아직은 추억을 반추하며 살 나이는 아니더라도, 때때로 지금이 어렵다고 느껴질 때 혹은 배반하는 삶이 이어질 때 음악을 들으면서 추억에 젖어보는 것도 어려움을 이겨내는 한 지혜가 아닐까?

(2002, 『좋은 사람』)

그날

그날, 현충사엔 황사 같기도 하고 안개 같기도 한 희뿌연 기운이 맴돌고 바람까지 몹시 불고 있어서 마치 이순신 장군이 적을 맞아 싸우던 바다가 연상됐다.

지난겨울 동인문학상 수상작 김훈의 《칼의 노래》를 읽고 이순신이 적과 싸우던 그 절망의 바다와 현충사에 보존된 장군의 칼을 보고 싶어 몸살을 앓았다. 견디다 못해 비록 노량은 아니지만 목포 앞바다에 가서 이순신 장군의 외로운 충절과 절망 그리고 나라 사랑하는 마음을 헤아리고 왔지만 현충사엔 끝내 가보지 못했다. 그 후 잊혀진 듯했는데 이번 가을 문학기행 코스에 아산 현충사가 포함되어 있는 것을 보고 너무 반가웠다. 다시금 장군의 인간적 고뇌가 느껴져 온몸에 전율이 일었다. 그리고 벌써부터 칼의 울음소리가 들리는 듯했다.

내 평생소원이 소주 석 잔 마시고 노래 한 곡 멋지게 불러보는 거라고 말하면 사람들은 박장대소한다. 그런 소원 아닌 소원을 다른 분들은 그 날 버스 속에서 몇 시간 만에 척척 해내고 있었으니, 아무래도 글과 흥은 별개인 것 같았다. 노래 한 곡 부르지 못한 내 목울대가 뻐근해져오고 난 다시 한 번 내 못난 소원을 안쓰러워했다. 그리고 맹세했다. 올해가 다 가기 전에 소주 석 잔에 노래 한 곡 멋지게 불러보자고.

현충사 경내가 너무 정갈하고 아름다워 이 모든 게 내 것이었으면 하고 잠시 엉뚱한 생각을 했다. 가장 사교적인 모습으로 살랑대던 작은 단풍나무. 횃불처럼 타오르던 붉은 잎의 이름 모를 나무들. 그리고 순금의 빛깔로 매달려 있던 노란 모과들은 차라리 꽃보다 아름다웠다. 누가 과일망신은 모과가 시킨다고 했을까? 모과는 그렇게 예쁜 모습과 빛깔로 우리를 혼란케 했다. 이순신 장군이 모과를 좋아했던 것일까. 현충사엔 온통 모과나무 천지였다.

영정으로 본 단정한 이순신 장군은 외로워 보이지 않았다. 모든 삼엄함을 내면에 숨긴 듯 부드러움마저 묻어났다. 칼은 보지 못했다. 칼의 울음소리도 끝내 듣지 못했다. 촉박한 시간 탓으로 돌리기엔 너무 아쉬웠다. 칼은 다시금 나를 현충사에 오고 싶게 할 것이다. 장군이 먹고 자랐던 우물가에서 약수인 양 샘물을 마시며 장군의 고택을 바라보니 그 집에서 적들에 의해 장군보다 먼저 죽은 아들 면이 생각났다.

'면의 나이 스물한 살이었다. 혼인하지 않았다.'

이 대목이 다시금 생각나 가슴이 저렸다. 400년도 훨씬 전의 일인데도 근래의 일처럼 눈물겹고 마음이 언짢은 건 웬일일까. 지난 겨울 책을 읽으면서 울었다. 죽은 아들을 생각하며 소금창고에서 울던 이순신 장군의 절망이 내 것처럼 아파서 울었다. 어느 작가의 표현대로 무사이면서 시인이었던 이순신 장군이 이 세상의 의미없음, 허무 등과 싸운 내면의 탁월한 표현이 날 감동시킨 것인지도 모른다. 어쨌든 현충사를 다녀온 뒤의 내 심경은 뭔가를 끔찍이 사랑한다는 것은 참으로 고통스럽고 위대하다는 것이다. 그것이 나라이건, 사람이건, 똑같은 것 같다. 이순신 장군이 지켜온 이 강토가 더욱 아름다워 보이는 것도 그 때문이 아닌가 생각해 본다.

(2002)

행복한 계절

집을 떠나는 일, 쾌적하지 않은 것, 다양한 기능의 기계들, 그리고 노래방. 이건 내가 싫어하는 것들 중 몇 가지이다. 그 중에서도 집을 떠나는 것은 내겐 내키지 않는 도전이 아닐 수 없다. 특히 가족이 아닌 다른 사람들과의 여행이 그렇다. 뭐든 다 가지고 가야 안심이 되는 성격 때문에 아무리 작게 꾸려도 가방이 크다. 이게 없으면 저게 불편할 것 같고, 저게 없으면 이걸 못 할 것 같아 불안하다. 집안 살림, 딸아이, 남편, 내가 없으면 모두 굶을 것 같고, 엉망일 것 같은 소심증 탓에 가능하면 떠나는 걸 포기하며 살아온 터라 어디 한 곳 변변히 다녀온 곳이 없다.

이런 성격은 결혼 전에도 마찬가지였다. 그래서인지 누가 해외

여행을 갔다 해도 부럽지 않았고 떠난 자체만 대단해 보였다. 그리고 주말엔 딸아이와 공원이나 산책하는 소망이 고작이었다. 이런 나에게 고트프리트 벤의 〈여행〉이란 시는 참으로 위안을 준다.

당신은 취리히는 뭐 별난 도시인 줄 아십니까?
놀라움과 거룩함만을 한결같이 지닌
정거장 앞길이랑 루(Rus) 부울바드(Boulrvard) 리도(Lido) 롸안(Laan) 5번가에서도
공허는 닥쳐오는 법
아! 여행이란 헛수고!
너무 늦게야 우리는 깨닫는다.
가능하면 그냥 머무를 것.
그리고 제한된 자아를 조용히 유지시켜 갈 뿐…

언제나처럼 가을분위기에 맞는 립스틱 하나쯤 사고, 가을 정취에 한껏 취할 수 있는 CD 한 장 사는 걸로 가을을 맞았는데 나이 탓인지 올가을엔 이렇게 지나버린 시간들이 유난히 후회가 된다. 즐기지 못한 것도 후회가 된다더니 역시 맞는 말인 것 같다. 이즈막엔 내가 싫어했던 정서들이 집요하게 날 꼬드긴다. 여행이란 걱정스러움보다 모르는 곳 혹은 새로운 것에 대한 설렘이 더 많아 생활의 활력소가 된다. 쾌적하고 불편함이 없는 것이 반드시 행복한

건 아니다. 불편했던 기억은 때때로 강렬한 추억이 될 수도 있다. 다양한 기능의 기계는 편리하고 경이로운 세상을 만날 수 있게 해 준다. 그 중에서 컴퓨터는 기계라기보다는 소통의 의미다. 또 노래를 잘하고 못하고를 떠나서, 맘껏 소리 지를 수 있는 노래방은 성지 같은 안식처일 수도 있다고.

이번 가을 용기를 내서 시도한 몇 번의 여행에서 깨달은 건, 자연을 고요한 마음으로 바라볼 수 있다는 거였다. 다채로운 꿈길이 되어 끝 간 데 없이 펼쳐진 코스모스의 향연. 노을이 배어 추억처럼 아름답던 사과밭. 이슥고 햇빛이 녹여낸 안개 속에서 문득 속살을 드러내고 새처럼 몸을 떠는 초록의 호수. 이런 것들은 보지 않고는 느낄 수 없는 감상이 아니던가.

벤의 시구가 올가을만은 내게 위안을 주지 못했다. 컴퓨터로 친구를 만나고 글을 만나고 쾌적하진 않지만 적당히 어둡고 퀴퀴한 지하 노래방에서 목청껏 노래 부르고 싶었던 계절, 싫어하던 것과 화해하고 친해진 이 가을, 난 참 행복하다. '열심히 일한 당신 떠나라.' 꼭 광고 카피가 아니더라도 요즘 내가 제일 좋아하는 말이다.

음악 예찬

우리의 삶이 음악과 함께 지나간다는 생각을 한번쯤 해본 일이 있는가?

알람 소리에 깊은 잠에서 깨어나 우선 창문을 열고 음악을 듣기 위해 오디오를 켜는 것으로 하루를 시작하는 사람도 있을 것이고 고단한 하루를 종교 음악을 들으면서 평화롭게 정리하는 사람도 있을 것이다.

힘들고 복잡한 일이 있을 때는 경쾌하고 신나는 댄스음악을, 식사 때는 부드럽고 달콤한 현악 4중주를, 우울하고 외로울 땐 영혼으로 노래하는 듯한 흑인음악을 들으면 마음 속 응어리가 녹아들어 차라리 가슴속이 후련해진다.

때때로 자기혐오와 자괴감에 빠졌을 때 베토벤의 〈황제〉를 듣고 있으면 자기비하 같은 건 어느덧 사라지고 온통 격조 높은 우아함과 귀족 같은 당당함이 살아나 삶에 의욕을 불러일으킨다.

사랑에 빠졌을 때나 이별의 상심을 겪을 때 평소엔 유치하고 저속하다고 경멸하던 우리 가요를 들어 보라. 얼마나 자기의 행복과 아픔에 공감을 주는지…. 마치 자기를 위해 노래하는 것 같지 않던가.

어느 날인가 모든 게 권태롭고 지리멸렬할 때 쥘부채를 쥐고 계면조의 〈쑥대머리〉나 〈이별가〉 혹은 한으로 범벅된 듯한 남도의 〈육자배기〉나 〈흥타령〉을 들으면서 장단을 맞추노라면 삶이 얼마나 다채로운 모습으로 우리에게 다가오는가를 느낄 것이다. 어디 그뿐이랴. 기교도 때묻음도 없는 시냇물 소리 같은 목청으로 부르는 노을이나 〈감자꽃〉같은 동요는 또 얼마나 우리의 마음을 정화시키는가.

(1985)

옛날 꽃다발

노라 존스의 블루지한 감성의 노래를 들으면서 항아리에 소담하게 꽂힌 소국小菊을 바라보고 있자니 실내가 온통 가을느낌이다. 창밖엔 장맛비가 내리며 습한데 벌써 가을이 느껴지는 건 아무래도 소국 때문일 게다.

내게 설렘과 아련함이 없이는 생각할 수 없는 친구가 있다. 그냥 그 친구는 생각만 해도 가슴 한쪽이 싸하게 아려오기도 하고 정다움으로 따뜻해지기도 한다. 그녀가 보랏빛 소국 한 다발을 들고 놀러왔다. 무더위 속에서 바라보는 소국다발은 잠시 계절을 잊게 해 주었다. 야단스러운 꽃다발도 많건만 두 겹의 종이로 싼, 꼭 자기를 닮은 얌전하고 수수한 모습의 꽃다발이 나를 즐겁게 했다.

언제부터인가 우리나라도 꽃 선물이 자연스러운 모습으로 자리 잡게 되었다. 서양 사람의 전유물처럼 생각되던 꽃 선물이 이젠 우리네가 원조(?)인 것처럼 야단스럽다. 꽃다발의 모양도 화려해서 탄성이 절로 나온다. 철사, 한지, 리본 테이프, 부직포, 색색의 망사, 반짝이 스프레이, 글루건을 이용한 진주 장식까지, 너무 다양해서 꽃이 안쓰러울 지경이다. 철사로 꽃대를 꽁꽁 묶는 것도 모자라 상자에 넣어 무생물처럼 포장하는 꽃다발도 있다. 오아시스로 무장해서 바구니에 담는 것은 차라리 로맨틱하다.

꽃의 양도 놀랍다. 꽃집에 가면 장미 100송이, 혹은 장미 1,000송이의 가격이 자연스럽게 적혀 있다. 장미 몇 송이에 안개 꽃 조금 섞어서 꽃다발을 만들거나 대大국화 세 송이쯤에 동백 잎이나 측백나무 잎을 섞어 꽃다발을 샀던 옛날 생각을 하면 너무 많은 양 때문에 꽃의 소중함도 느끼지 못할 때가 많다. 몇 년 전 우리 매장의 여직원에게 남자친구로부터 장미 1,000송이가 배달된 적이 있었다. 결혼하지 않은 아가씨들은 부러움과 시샘으로 장미를 둘러싸고 웅성거렸다. 바닥에 놓인 장미는 이미 꽃이 아니고 적재된 야채처럼 보였다. 그리고 아줌마들은 꽃 한 송이 값에 곱하기 1,000 하면서 "미쳤어, 미쳤어. 돈으로 주지!"를 연발했다. 왜 꽃의 양과 화려한 모양으로 마음을 표현해야 된다고 생각하는 걸까? 그 꽃은 며칠을 바닥에 널부러져 있던 기억이 난다.

영화 〈귀여운 여인〉이 생각난다. 백만장자인 '리차드 기어' 가 가

난한 연인인 '줄리아 로버츠'에게 사랑을 고백하기 위해 가져온 꽃다발, 백만장자가 들기엔 초라할 정도로 단순한 꽃다발을 보면서 요즘 우리네가 주고받는 호사스런 꽃다발과 비교가 돼서 참 많은 걸 생각하게 하는 장면이었다.

예전엔 꽃 선물을 받으면 그 즉시 꽃병에 꽂는 걸로 고마움을 표시했었다. 지금은 온통 철사 투성이라 하나하나 풀려다 보면 상한 꽃대가 너무 아파 보여 눈물이 나려 한다. 결국은 거꾸로 매달아 말려버리고 마는데 고운 꽃이 물도 없이 시들어 가는 모습을 보면 그것도 언짢다.

아아, 흰 종이나 셀로판 종이로 싼 옛날 꽃다발이 그립다. 향기를 맡아보며 고마워하고, 꽃병에 바로 꽂아 감상할 수 있는 꽃이 그립다. 꽃병 앞에서 차를 마시며 잠시 꽃에 대해 이야기를 나누던 수수한 그 옛날 꽃다발이 받고 싶다.

그리운 친구는 옛날 꽃다발을 들고 내게 찾아와, 꽃은 꽃을 주고 싶은 마음만으로도 모든 게 표현된다는 걸 느끼게 해주고 갔다. 소국이 다 시들 때까지 난 그 친구를 생각할 거고 오랜만에, 상처 없는 꽃대로 시들은 꽃다발을 버리면서 언짢아하지 않아도 될 것이다.

빨강, 그 감동과 비애에 대하여

항암치료를 끝낸 친구가 송년모임에 나왔다. 모자를 쓰고 생각보다 화사한 모습으로 앉아 있어서인지 모자 속의 민머리가 상상되질 않았다.

"축하한다. 힘들었지?"

"가슴은 그대로 있으니 천만다행이다."

"이젠 다 나은 거니 아프진 않았니?"

"자주 못 가봐서 미안하다."

여기저기서 위로와 축하인사가 오갔다.

항암주사를 맞으면 맞는 날은 참을 만한데, 그 다음날부터는 메스꺼움과 역겨움이 너무 고통스러워 그 고통을 마땅히 표현할 말이 없다고 했다. 그리고 빨강색의 항암주사약 때문인지 무엇이든 빨강색이 너무 싫어 빨강색에 대한 공포심마저 생겼다고 말하며 친구는 잠시 고통스러운 표정이었다. 난 나의 건강함에 감사하며 요즘 내게 매력적으로 다가오는 빨강색에 대해 잠시 생각했다.

늙지도 젊지도 않은 어중간한 나이 탓인지 요즘은 뭘 입어도 어울리는 색이 없는 것 같다. 빨강색의 옷을 입으면 좀 환해 보이고, 젊어 보이는 것 같기도 하다. 그래서 빨강색에 눈이 가고 손길이 자주 멈춘다. 친구들한테 이런 말을 하면 늙어 가는 징조라고 한다. 정말 그런가. 그렇게 좋아했던 검정색 옷이 이젠 칙칙하고 답답해 보여 싫다.

빨강색은 금기사항이나 위험을 표시할 때 쓰던 빛깔이 아니었던가. 지금은 빨강색의 승용차가 많지만, 예전엔 빨강색의 자가용 승용차는 불법이었고 오로지 소방차만 빨강이었던 기억이 난다. 지난여름 월드컵 기간 동안의 붉은 악마 물결을 생각하면 빨강은 더 이상 금기의 색깔도, 위험의 상징도 아닌, 다만 열정과 뜨거움과 일치된 마음의 표시일 뿐, 그 무엇도 아니라는 것을 느꼈다. 지난날 빨갱이라는 이름의 위험함과 서글픔은 더 이상 우리와 상관없는 말 같기도 했다.

〈파이란〉이란 영화를 보면 빨강색이 주는 몇 가지 비애가 있다. 파이란이 위장결혼을 할 때 남편에게 받은 (이건 오해지만)

빨강색의 머플러, 이름뿐인 남편에게 편지를 부치곤 하던 빨간 우체통, 해변에 꽂혀 있던 빨강색의 깃발들, 그리고 그녀가 죽었을 때 남긴 마지막 편지를 읽던 남자의 등 뒤에 서 있던 그 슬프도록 예쁜 빨강색의 등대는 통증으로 오랫동안 가슴에 남아있다. 이런 것들은 열정과 환희보다 끈적이는 슬픔으로 인해 절망스럽기조차 했던 기억이 있는데, 다시 생각하면 전체적으로 어두운 색채의 영화 속에서 이런 빨강색들은 어쩌면 희망과도 같았다.

요즘 TV를 보면 "그 어떤 빨강도 아름답지 않은 컬러는 없습니다."라는 카피가 참 인상적이다. 봉숭아 물들인 손톱(수줍음), 우체통(그리움), 적십자(박애), 항상 보던 것들이었는데도 새삼스럽게 아름다운 빨강색들이었다. 빨강색에 그런 다채로운 정서들이 숨어 있을 줄이야.

빨강색의 감동은 참 많았던 것 같다. 빨강머리 앤, 빨간 모자 아가씨, 빨간 자전거, 빨간 피터의 고백, 대한민국의 붉은 악마 이 모든 얘기들을 생각할 때마다 아주 따뜻해지곤 한다. 이 춥고 막막한 세상에 빨간색의 따뜻하고 휘황한 광채가 가득해진다면 내 친구의 빨간색 공포도 사라지지 않을까?

(등단작품)

크리스털 꽃병

시든 카네이션을 버리고 꽃병을 씻다가 난 달콤한 기분에 빠져들었다. 현란한 커팅, 맑고 투명한 빛깔, 기분 좋은 무게, 잘록한 허리가 있어 손아귀에 쏘옥 들어오는 적당한 크기의 꽃병은 크리스털이 가지고 있는 매력을 모두 지니고 있었다. 도대체 얼마 만인가, 꽃병에 꽃을 꽂아본 지가. 딸애의 졸업식 때 꽂아보고 어버이날 카네이션을 꽂았으니 3개월도 더 된 듯하다. 내 삶의 각박하고 푸석함이 느껴져 잠시 우울했다.

내가 크리스털 꽃병을 가진 지도 벌써 13년이 지났다. 크리스털 꽃병에 장미 한 송이를 꽂아놓지 않는 식탁은 상상할 수 없다는 얘기를 한 적이 있는데, 그 얘기를 들은 후배가 결혼식 때 선물해준

것이었다. 그땐 그랬다. 유난히 늦은 결혼 탓에 뭔가 갖춰져야 한다는 생각이 날 못살게 굴었던 것 같기도 하다. 결혼 초엔 꽃병을 비워놓지 않기 위해 불편함을 견디며 흔치 않은 꽃집을 찾아다니기도 했고, 퇴근길 남편을 힘들게 하기도 했다. 꽃병이 비어 있으면 나의 결혼생활이 불행해지기라도 하는 듯 초조하고 불안했었다.

어느 날이던가 꽃 심부름을 시키자 남편이 화를 냈다. 그까짓 꽃 한 송이 사러 시내까지 나가야 하겠느냐며 한심한 듯 나를 쳐다봤고, 난 심부름시키기 전에 꽃 선물이라도 하면 좀 좋겠느냐며 야속한 듯 남편을 바라봤다. 지금 생각하면 참 어처구니가 없지만, 그땐 꽃 한 송이가 마치 종교처럼 내게 평화를 주곤 했었다.

얼마의 세월이 지났을까. 사는 게 분주하고 모든 게 힘들었다. 꽃병에 꽃을 꽂는다는 것도 여간 정성이 아니면 안 되었다. 종일 비어 있는 집에서는 꽃도 빨리 시들었다. 시든 꽃 버리는 것도 언짢았다. 난 생각다 못해 벨벳으로 만든 흑장미를 사다 꽂았다. 생명력은 없었지만 시든 꽃보다, 아니 빈 꽃병을 바라보는 것보다 위안이 되었다. 그때 꽃에 대한 나의 집착은 단순히 꽃을 좋아하는 것과는 다른 어떤 허영심 같은 것이 아니었을까.

어느 날 난 크리스털 꽃병을 씻어 그릇장에 넣어버렸다. 몇 달이고 꺼낼 일이 없을 때가 많았다. 일 때문에 집에 들어오는 시간이 늦어지니 자연히 손님도 끊어지고, 그러자 꽃을 꽂을 일도 없어졌다. 항상 꽃병에 꽃을 꽂아두고 화사하고 잔잔한 나날이길 바라며 크리스털 꽃병을 원했지만 삶이란 언제나 자기 의지와 상관없이 끌려가게 마련이다. 꽃이 있어 반드시 행복했던 것도 아닌 것 같고, 꽃병을 그릇장에 넣어놨다고 불행한 것도 아닌 걸 보면 모든 게 마음먹기에 달린 것 같다.

지금은 일 년에 몇 번 꽃을 꽂는다. 프리지어가 필 때 그 찬란한 크리스털 꽃병은 너무도 아름답게 그 꽃을 담고 서 있다. 그건 꼭 봐야 할 의식(?)이다. 이젠 꽃병이 비어 있어도 불안하거나 우울해 하지 않는다. 다만 꽃을 사고 싶은 마음의 여유가 많아졌으면 하는 바람이 있을 뿐이다. 크리스털 꽃병을 꼼꼼히 닦아 그릇장에 넣으며 난 이런 생각을 했다.

'그래, 내가 꽃이 되어 살자.'

이화梨花에 월백月白하고

이화梨花에 월백月白하고 은한銀漢이 삼경三更인 제
일지춘심一枝春心을 자규子規야 알랴마는
다정多情도 병病인 양하여 잠 못 들어 하노라.

고려사람 이조년의 〈다정가多情歌〉란 시조이다. 학창시절 국어 교과서에 실렸던 시조인데, 배꽃이 피는 이때쯤이면 항상 생각나는 시조다. 아니, 꼭 배꽃이 피는 계절이 아니라도 달만 휘영청 밝아도 가슴을 파고드는 시조라고 해야 더 맞을지 모른다.

달빛이 사람 마음을 그렇게 흔들 수 있는 건지 예전엔 미처 몰랐었다. 그리고 장수란 곳이 그렇게 달빛에 어울리는 고장이라는 것도 그 날 짧은 나들이를 통해 알아버린 건 정말 근사한 일이었다.

우리네처럼 놀이를 즐기는 민족도 없을 듯싶다. 봄이면 꽃놀이 · 화전놀이, 여름이면 물놀이, 가을이면 단풍놀이, 겨울이면 온천이라도 다녀와야 직성이 풀리는 민족이다 보니 요즘 유행하는 스키도 서양 스포츠지만, 우리 민족의 눈雪놀이라고 생각하고 싶다. 나도 꽃구경이 싫진 않다. 올해는 꽃들이 너무 일찍 피고 지는 바람에 벚꽃 구경도 제대로 못하고 봄이 다 간 듯해 섭섭하다.

얼마 전 맘 맞는 친구들과 장수에 가 보기로 했다. 아아, 장수가 이렇게 매력적인 곳으로 다가와 내 가슴을 뒤흔들 줄이야…. 장수는 이름이 주는 우직함 때문인지 도무지 멋이나 운치가 느껴지지 않는 고장이었다. 유명하다는 검은 돼지고기나 먹고 논개사당 주변에 있는 벚꽃이나 볼 생각으로 별 기대 없이 갔었다. 해발 얼마라든가? 아무튼 산 중턱에서 생산되는 돼지고기를 곁들여 저녁을 먹고 내려오는 길에 팔성사八聖寺란 절에 들렀다.

비구니만 산다는 절에서 달을 보며 개가 짖고 있는 모습이 좀 낯설었지만 소나무 가지에 걸린 보름달은 한 폭의 동양화를 보는 듯 운치가 있었다. 달빛에 둘러싸인 절은 마치 비단을 감은 듯 신비스러웠다. 여덟 가지 성스러운 것이 있다는 팔성사는 절 분위기만으로도 충분히 성스러웠다.

들판은 온통 비닐하우스 천지였다. 비닐하우스에 쏟아지는 달빛이 흡사 밤의 강물처럼 반짝였다. 손수건을 빨아서 걸어두면 하얗게 마를 것처럼 휘황한 달빛이었다. 가로등도 없이 주변이 어두워서일까, 시골의 달빛은 도시의 달빛보다 더욱 푸르스름했다. 시린 달빛이라더니 정말 차갑게 느껴졌다. 문을 닫아도 새어들 것 같은 달빛에 취해 모두들 말을 아끼고 있었다.

논개사당 의암루 주변의 늙은 벚나무는 신선처럼 도도하게 꽃을 피워, 마치 고古 매화를 보는 듯 고고했다. 논개 생가지로 가는 길목, 이곳 어린 벚나무가 피워낸 꽃들은 하얗게 웃고 서 있는 소녀들 같았다. 벚꽃길이 너무 아름다워 우리는 잠시 차에서 내렸다. 벚꽃을 따서 머리에 꽂고 달빛이 너울거리는 저수지를 내려다보니 물속엔 빛기둥들이 현란했다. 홀린 듯 서 있자니 물속으로 첨벙 뛰어들고픈 충동이 일었다. 달빛 아래 배꽃이 아니라 달빛 아래 벚꽃이 이처럼 마음을 어지럽히는 걸 보니 다정多情도 병病인 양하여 나도 잠 못 들까 두려웠다.

깊고 푸른 달빛 아래 서 있는 논개의 동상은 애절함과 아련함은 없어 보였고 다만 시련을 이겨낸 여장부 같았다. 동상이 너무 큰 탓이었을 것이다. 달빛 가득한 생가의 고요함이 아니었다면 이곳이 논개의 생가라는 사실을 잠시 잊을 뻔했다.

돌아오는 길, 달빛에 취해 지냈던 이태백을 생각하며 베토벤의

〈월광 소나타〉를 들었다. 이태백, 베토벤, 달빛, 벚꽃, 다정가多情歌, 모든 게 위대하게 느껴졌다. 역시 자연과 예술은 따로따로 생각할 수 없다는 걸 실감할 수 있는 귀한 나들이였다.

해피엔드(Happy End)

영화 〈접속〉을 보면 남자주인공이 해피엔드란 아이디를 쓰고 있다. 여자주인공이 이유를 묻자 그냥 이 세상에 없는 말 같아 쓴다고 대답한다.

과연 해피엔드란 이 세상에 없는 것일까? 우리나라처럼 해피엔드 정서를 즐기는 사람들도 없을 거란 생각이 든다. '잘 먹고 잘 살았다' 로 끝나는 옛이야기를 보더라도 행복한 끝이 아니면 견딜 수 없어 한다.

우리 딸도 인어공주보다 백설공주를 더 좋아한다. 이유인즉 인어공주는 끝이 슬프고 백설공주는 끝이 행복해서 좋단다. 어느 때부턴가 나도 해피엔드를 좋아한다는 것을 느끼고 있다. 예전엔 주인공이 죽거나 헤어지는 마지막을, 세련되고 멋진 끝맺음이라고 생각했었다. 왠지 해피엔드는 촌스럽고 구태의연해서 작품의 격이 떨어진다는 생각조차 했었다. 나이 탓일까? 요즘은 행복하게 끝나는 드라마나 영화가 더 좋다.

며칠 전 장안의 화제가 되었던 드라마가 막을 내렸다. 상처투성이인 주인공들의 사랑이 꼭 이루어지길 바라며 매 회마다 가슴을 졸이며 안타까워했던 드라마였다.

마지막회, 그 날은 시아버님의 기일이었다. 철없이 TV 앞을 기웃거리며 주변 소음을 약간 성가시게 느끼는 내가 좀 한심하긴 했지만 주인공들의 행복한 재회를 생각하면 온몸의 전율까지 일었다. 대단한 인기 탓인지 인터넷에 무성하게 떠도는 소문에 따라 주인공들이 헤어지지 않는다는 걸 알면서도 그들의 해피엔딩을 꼭 보고 싶어 했던 건, 아마 행복한 걸 보면서 나도 그 행복에 전염되고 싶어서였는지도 모른다. 역시 해피엔드로 막을 내렸다. 눈가가 촉촉이 젖어오면서 내 일처럼 기뻤다. 비록 드라마지만 남의 행복에 이처럼 몸을 떨며 감격한다는 건 아직도 가슴에 따뜻함이 남아있다는 증거가 아닐까.

2년 동안 같이 근무하던 동료가 개인사정으로 회사를 그만 두게 되어 송별회를 열었다. 조촐한 선물이 필요했기에 평소 내 취향대로 예쁜 주방기구를 선물했는데 선물을 풀어본 동료의 행복한 표정이라니…. 뭐랄까, 가장 추상적인 행복이란 단어가 구체적인 모습으로 드러나 날 놀라게 했다. 그건 빛깔로 친다면 거의 복숭아 빛으로 화사했고, 소리로 친다면 형언할 수 없이 섬세한 물체가 부딪쳤을 때처럼 낭랑하고 청아했으며, 은처럼 빛나고 순금 촛대처럼 보배로웠다. 무엇보다 그런 모습을 보일 수 있는 동료의 마음이 소중해 보였다.

행복이란 그 안에 있을 땐 그게 행복이란 걸 느끼지 못한다는 것이 항상 불행의 원인인 것 같다. 그래서 남들의 행복을 보면서 기뻐하고 감동하고 환해지려는 의지가 해피엔드를 좋아하는 정서인지도 모르겠다. 과연 내 삶도 해피엔드로 끝날 수 있을까?

신기루 같은 해피엔드, 그래서 이 세상에 없을 것 같은 해피엔드. 어쩜 그건 모든 사람의 마음에만 존재하고 있어 자신이 행복하다고 느끼는 사람 앞에만 펼쳐지는 것인지도 모를 일이다.

설렘의 도시, 전주

설렘이란 얼마나 눈부신 단어인가. 권태나 지리멸렬이 설렘이 사라지는데서 오는 증세이고 보면 설렘은 묘약 같은 것이다. 설렘은 자극을 동반하고 자극은 모든 일에 활력소로 작용한다는 걸 누구든 한 번쯤 느꼈을 것이다. 개개인이 느끼는 매체는 다르겠지만 모든 사람에게 즐거움을 주고 설렘을 촉발하는 것 중에 축제만 한 게 또 있을까. 그런 보배로운 축제가 거의 일 년 내내 열린다고 생각해 보라. 너무나 행복하지 않은가. 그런 곳이 바로 전주다.

이순신의 《난중일기》를 보면 뭍에서 답청踏靑도 못하고 전쟁 때문에 바다에 떠 있는 자신을 탄식하는 대목이 있다. 답청이란 파릇파릇한 새싹을 밟으며 봄을 즐긴다는 뜻이다. 이 행사는 음력 삼월

삼짇날 행해진다고 한다. 이즈음부터 전주에서는 꼭 답청이 아니라도 봄을 만끽할 수 있는 축제가 시작된다. 전군도로에서 벚꽃 축제가 시작되면서 우리는 꽃구름 속에서 황홀해지고, 벚꽃 비를 맞으며 아쉬움에 탄식한다. 그러나 그 달콤한 아쉬움도 잠시, 전주국제영화제가 우리의 문화적 감수성을 자극한다. 매끄러운 진행과 친절함, 격조 있는 상영관들, 이곳에서 장르별 영화를 골라 감상하다 보면 전주에서 살고 있다는 게 영화처럼 행복하다. 삶의 질을 보다 높여주는 건 역시 문화란 생각과 더불어 지적 오르가슴을 느낄 수 있다.

풍남제는 또 어떤가. 전국 대사습놀이의 전통성과 역사는 전국 어느 축제에서도 볼 수 없는 무게와 규모에 압도당한다. 판소리를 들으며 울고 웃다 보면 판소리 한 대목에 온갖 다채로운 인생이 숨어 있는 듯해서 우리 것에 대한 애착과 자랑스러움에 한껏 의기양양해진다. 대사습놀이는 전주의 자부심이다. 경기전 종이축제는 가장 축제다움이 돋보인다. 한지체험의 순수함과 유익함, 그리고 한지 패션쇼는 축제의 극치다. 깊고 푸른 밤하늘을 배경으로 열리는 노천 패션쇼를 구경하다 보면 한지의 다양한 아름다움에 매혹되고 만다. 한지의 고장 전주가 아니면 상상도 할 수 없는 축제라는 걸 실감할 수 있다.

또, 한옥 마을을 중심으로 이어지는 난장은 난장이 주는 어수선하고 허술함은 없고 한껏 고급한 분위기의 풍물을 구경할 수 있어 잠시나마 고상한 즐거움에 젖을 수 있다.

한여름, 덕진연못의 기품 있는 연꽃 축제는 전주가 축복의 도시라는 걸 다시 한 번 느끼게 한다. 도도한 그 꽃대만 봐도 졸속하게 피워내는 조급함이 없다. 연향에 취해 연지정에서 바라보는 분수쇼는 자연과 과학과 예술이 한데 어울어지는 절묘함을 보여준다.

아아, 소리가 주는 그 경이로움, 소통하는 마음, 도덕적이 아니어서 좋은 영역. 온 천지가 쓸쓸함과 상실감으로 몸살하는 가을, 전주 세계소리축제는 다시금 모든 이에게 위안을 준다, 우리는 다양하고 현란한, 때론 고요하고 절절한 소리의 향연에 취한다. 몰이해와 불화로 인한 모든 응어리를 녹여내서 소리로써 이해하고 화해하는 장을 마련하는 세계소리 축제는 축제의 도시 전주를, 비로소 축제의 도시답게 하는 절정이라고 할 수 있을 것이다.

어찌 보면 축제와 전혀 어울리지 않는 고즈넉하고 얌전한 도시의 이미지 전주가 이처럼 휘황하게 성공한 축제의 도시가 된 것은 자연과 문화와 예술적인 테마로 조화를 이룬 특성 때문일 것이다. 조화로움에서 오는 즐거움은 모든 사람을 평화롭게 한다. 설렘이 있는 도시, 문화적 감수성이 충만한 도시, 염치와 예절이 있는 도시. 이런 전주에 살고 있는 내가 행복한 건 당연한 일일 것이다.

6. 그리운 것은 그리운 대로

우울한 봄날 | 냄새 못 맡는 여자 | 그리운 것은 그리운 대로 |
공무원 각시 | 보내는 것에 대하여 | 세상이 지루하다고 느낄 때 |
클라우디 9 | 올 댓 라면 | 모악산 연가戀歌 | 추석 엘레지(elegy)

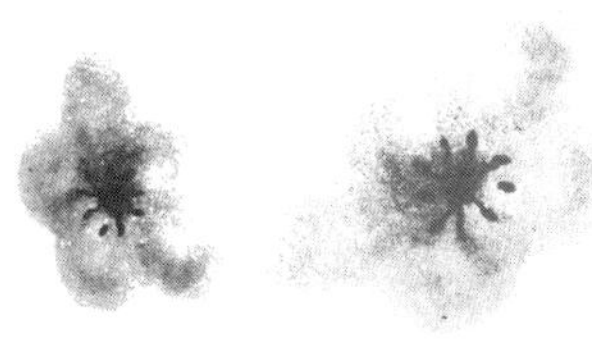

우울한 봄날

돌아오는 길은 쓸쓸했다. 장사익의 〈찔레꽃〉을 들으며 봄날 해질녘 시골길을 달리는 것은 노래 가사가 아니라도 눈물나도록 슬펐다. 화사해서, 너무도 화사해서 환장할 것 같던 봄볕이 한낱 꿈처럼 허망했다. 봄의 꽃들은 잎도 없이 피어서인지 그림자처럼 쓸쓸하고 적막했다.

꽃 피어 향기롭고 바람 불어 설레는 봄의 나날, 어디든 나서지 않으면 병이 날 것 같고 뭐든 느끼지 않으면 죄악일 것 같은 봄의 유혹, 봄바람에 불려가 내가 당도하는 곳이 꼭 꽃자리가 아니어도 환희롭고, 헐거워진 흙 위로 쓰러져 질식해도 좋을 것 같은 봄의 환상. 허방을 딛는 듯 아득하고 정처 없어 맥을 놓아 버릴 것 같은

이 기진함, 이런 증상들은 잉태한 생명도 없는데 간단없이 엄습해오는 입덧처럼 황당하다. 그건 희망보다 절망에 가까운 봄덧이라는 이름의 환각 같은 게 분명했다.

내 봄은 매화를 본 날부터 우울하기 시작했다. 작년 봄 매화가 사무치게 그리웠고 끝내 매화를 못 보고 봄이 다 져 버렸다. 봄이 떠나는 그 날부터 난 봄을 기다리기 시작했는지도 모른다. 섬진강 매화는 다시 피었고, 난 그리운 매화에게 급히 달려갔다. 매화나무는 아낌없이 꽃을 달고 서 있었다. 청명한 하늘을 머리에 이고 매화는 의연했고 난 허전했다. 지천으로 흐드러진 매화는 고고하지도, 귀하지도 않았다. 다만 꽃나무로만 아름다웠다. 늙은 나무 등걸의 듬성한 매화를 생각했던 탓일까? 내가 찾는 매화는 어디에도 없었다. 사군자 속의 고古 매화가 눈에 밟혀, 내 눈은 간절하게 또 다른 매화를 찾고 있었다. 찬란한 봄날 매화동산에서 난 미아처럼 외로웠다.

동백꽃은 요조했다. 그러나 떠나가는 배처럼 애달팠다. 개별로 뚝뚝 떨어져 누운 꽃들은 땅위에서도 도도했다. 흩어진 붉은 꽃송이들은 피눈물을 뿌린 듯 애통했다. 그래도 동백꽃이 산수유꽃처럼 적막하지 않았던 건 잎사귀와 함께 꽃을 피우고 있었기 때문이었을 것이다.

모든 사람들은 봄을 희망으로 예찬한다. 하긴, 죽었을 것 같은 빈 가지에서 꽃을 피우고 잎을 틔우는 그 생명력은 봄이 아니고서는 해 낼 계절도 없었으리라. 그 희망적이고 역동적인 계절이 너무 힘차고 찬란해서 눈물겹다. 좋은 일이 있으면 봄날이라 말하고, 그것이 지나가면, 봄날은 간다, 라고 말한다. 내 인생의 봄날은 어디쯤이었을까. 봄날이 있기나 했던 걸까. 지나고 나니까 봄날이었던 것 같지만 당시에는 항상 봄날은 없었다. 그러나 봄날은 반드시 있었다. 꽃 피고 새 울며, 바람불던 날 들이 봄날이 아니던가. 사람들은 봄 속에서 봄을 잃어버리고 봄을 아쉬워한다. 삶이란 또는 행복이란 다 그런 게 아닐까. 이럴 수 없다고 원망할 때, 이건 아니라고 후회할 때 그때는 모두 버겁고 절망스럽지만 지나고 보면 아름답게 반추할 수 있는 것처럼 말이다.

따뜻한 물 속 같은 봄볕에 몸을 적시고 눈은 먼 산 아지랑이 속에서 혼미하지만 가슴 속엔 바람이 잠들지 않는다. 이 봄, 난 사랑을 잃어버린 사람처럼 쓰라리고 허무하다. 우울한 내 봄날은 언제 또다시 아름답고 평화롭게 추억될 것인가.

냄새 못 맡는 여자

로션을 바르지 않은 손으로 산수유꽃을 땄다. 그림자처럼 적막한 그 꽃은 애초에 냄새 같은 건 없어 보였다. 그러나 난 안다. 그 꽃의 비릿한 풋내의 절제된 향기를. 그 냄새는 여느 꽃 들이 내뿜는 기운하고는 사뭇 다르다.

꿈 조각 같은, 노랗고 희미한 꽃송이에서는 달콤한 향내보다 풋내로 맡아지는 꽃 냄새가 잠깐잠깐 아찔하다.

산수유꽃을 코끝으로 간질이며 이 풋내를 오래도록 맡다보면 생각나는 친구가 있다. 답답하게 갇혀 봄도 매화도 다 놓쳐버린 내가 안쓰러워서였을까. 작년 봄, 친구는 산에 갔다가 마지막 남은 산수유꽃을 캔디 깡통으로 수북이 따다가 내게 건네주며 냄새를 맡게 했다. 깡통 속에 코를 묻고 산수유꽃 내를 맡았을 때, 친구의 사려 깊고 따뜻한 마음씨 덕분에 봄의 끝자락이나마 느낄 수 있었다. 산수유꽃 냄새는 곧 그 친구의 마음 이었다.

얼마 전 출근길에 노란 기운이 번진 몇 그루의 나무를 봤는데 그게 산수유 나무였다. 노란 기운이 점점 짙어지더니 나무는 한 순간에 꽃을 피워냈다. 꽃을 따서 냄새를 맡아 보니 내 손의 로션 냄새뿐 깡통 속의 풋내는 없었다. 로션을 바르지 않은 손으로 꽃을 따던 날, 비로소 깡통 속의 그 풋내를 맡을 수 있었다. 더불어 친구의 마음도 다시 느낄 수 있었다. 따온 꽃을 하얀 종이 위에 쏟아 놓으니 자잘하고 노오란 그것 들은 꿈의 파편처럼 가뭇했다.

꽃 속에 코를 들이대고 있자니 꿈에 냄새가 있다면 혹 이런 냄새가 나지 않을까 싶었다. 옆 동료에게 호들갑을 떨며 꽃향기를 맡게 했더니 도무지 냄새를 맡지 못했다. 이처럼 섬세한 냄새를 왜 못 맡는 걸까. 비염 때문이라고 했다. 그러고 보니까 3월 내내 코를 닦으며 입으로 숨을 쉬던 그녀가 생각났다. 맙소사, 꽃향기는 물론이고 어떤 냄새도 맡을 수 없다고 한다. 생각 해 보면 냄새만큼 추억을 불러일으키는 것도 없을 터인데, 모든 추억이 맹맹한 콧속에 묻혀 버린듯 해 그녀가 잠시 안타까웠다.

냄새는 참으로 많은 것들을 생각나게 한다. 달콤한 복숭아 냄새를 맡으면, 수밀도를 좋아하시던 친정아버지가 생각나 코끝이 찡

하고, 담배 냄새를 맡으면 아버지 베개에서 나던 포마드 냄새도 함께 맡아져 옛날이 그립다. 비릿하고 고소한 우유 냄새를 맡을 땐, 이빨이 안 나 잇몸이 빨간 장미꽃 같던 딸애의 입 속에서 나던 젖내가 생각나 행복해진다. 후드득 떨어지는 빗소리와 함께 피어오르는 자욱한 흙 냄새는, 여름비를 보며 절망에 떨던 내 젊은 날이 떠올라 아주 잠깐 동안 슬퍼진다. 어느 날인가 가벼운 몸살기운에 일어나길 미적대던 아침, 칙칙대던 압력솥 추 소리와 참치랑 끓여지던 김치찌개 냄새, 남편이 끓였던 그 계통 없던 찌개가 생각보다 맛있었던 기억. 쥐똥나무꽃 냄새를 맡으면, 싸한 실연의 아픔이 밀려오고 작은 그 꽃이 내뿜던 진한 향기만큼이나 독한 상실감에 마음이 헝클어진다.

쇼핑을 하다가 감미롭고 구수한 빵 굽는 냄새가 풍기면 코를 벌름대며 빵 코너로 발길을 돌리기도 하고 농익은 참외나 딸기 냄새가 발목을 잡으면 두리번거리며 과일가게를 찾기도 한다. 고기 익는 냄새에 침이 고이고 그윽한 커피 냄새에 눈이 감기는 걸 보면 냄새란 다양하게 사람의 욕구를 자극한다. 또 우리는 석연치 않은 사건이나 사람을 접했을 때 뭔가 냄새가 난다고 말한다. 그게 구린 냄새든 상한 냄새든 좋지 않은 냄새를 뜻하는 게 분명하다. 실제로 수상쩍은 냄새를 풍기며 세상을 어지럽히는 일들이 난무하는 요즘이기도 하다. 향기롭지 않은 냄새는 불쾌한 정도를 넘어서 사람을 고통 속에 몰아넣기도 하고 때론 병들게 하기도 한다. 그러나 좋은 냄새만 맡고 살 수 있는 세상살이가 아니다 보니 악취를 잘 견뎌내는 것도 한 지혜일 것이다. 마치 고약한 은행의 겉껍데기를 잘 벗겨내면 몸에 좋고 맛 좋은 초록의 은행 알을 차지할 수 있는 것처럼.

온 천지가 꽃내로 진동하는 이 봄. 비염에 걸려 냄새 못 맡는 동료가 잠시 안쓰럽기도 했지만, 악취가 넘쳐나 유쾌하지 못한 이 시대를 살아가자면 때론 고약한 냄새를 맡지 않아도 되는 그녀가 부럽기도 하다.

그리운 것은 그리운 대로

인류가 발명한것 중 획기적인 게 많겠지만 몇 가지만 얘기하라면, 난 수세식 변소와 원터치로 열 수 있는 캔이라고 말하고 싶다. 깡통을 잡고 손바닥의 날카로운 통증을 감수하며 씨름해야 하는 깡통따개의 무딘 칼날을 생각하면 원터치 캔의 발명은 거의 기적에 가깝다. 그리고 내게 항상 놀라운 은총처럼 느껴지는 게 수세식 화장실이다. 요즈음 다시금 재래식 화장실을 예찬 하면서 그것만이 땅을 살릴 수 있는 유일한 방법이라며 과학적인 증거들을 제시하고 있지만, 어쨌든 난 모든 배설물이 흔적 없이 씻겨 내려가는 이유 하나만으로도 수세식 화장실이 좋다.

얼마 전 영국에서 작품으로 만들어진 화장실이 소개된 적이 있다. 화장실 안에서 밖에 있는 사람을 보면서 용변을 볼 수 있게 설계된 화장실이었는데, 외관도 여느 건축 작품 못지않았다. 밖에 있는 사람은 화장실 안을 전혀 볼 수 없도록 되어 있어 화장실도 예술 작품이 될 수 있는 세상이 너무 놀라워서 아찔할 정도였다. 예전 공중 화장실이 주는 선입견은 지저분하고 역겨운 장소였다. 특히 고속도로 휴게소와 유원지 화장실이 더욱 불결했던 기억이 난다. 그러나 지금은 고속도로 휴게실은 거의 호텔 수준이다. 더운 물은 물론이고 냉난방 시설에 세면실, 파우더 룸, 기저귀 부스, 비데, 핸드 드라이어까지 설치되어 있다. 장애인 전용 화장실은 물론이고 심지어 어린이 전용의, 작고 낮아서 장난감처럼 느껴지는 화장실이 따로 마련되어 있기도 하다. 유원지 화장실은 또 어떤가. 아무리 깊고 한적한 곳이라도 거의 수세식 화장실로 되어 있다. 그런 골짜기에서도 문화를 느낄 수 있어 불가사의하기까지 하다. 그리고 축제 마당의 그 멋진 이동식 화장실에서 과학의 위대함을 느끼는 건 어쩌면 당연한 일일지도 모른다.

서해안 고속도로 고인돌 휴게실 화장실은 노랑문과 초록의 화초로 장식되어 화장실이라기보다는 달콤한 분위기의 카페 같다. 이곳에선 꼭 차를 세우고 노랑 화장실의 달콤함에 취해 보는 것도 괜찮을 듯싶다. 서해대교 휴게소 화장실에선 둥근 창을 통해 바다를 바라볼 수 있어 로맨틱하다. 수원의 행궁 화장실은 변기에 앉아서 하늘을 바라볼 수 있고 대나무가 심어진 작은 조약돌의 정원을 감상할 수 있어 배설행위 자체에 염치가 없어진다.

또 있다. 우리시市에 새로 문을 연 백화점 화장실은 차례를 기다리는데 별 다른 인내심이 필요치 않다. 화장실에 그처럼 고급하고 편안한 탁자와 의자가 놓일 수 있다는 게 신기할 정도여서 기다림이 주는 짜증과 조급함을 거의 느낄 수가 없다. 하기야, 창밖을 바라보며 안락의자에 앉아 순번을 기다리는 화장실은 처음부터 상상하기 어려운 일이긴 하다. 영화가 끝나고 들르는 극장의 화장실은, 휘황하고 고급스러워 거울 속의 난 방금 본 영화 속 주인공처럼 우아하다.

작가 김훈은 전남 승주의 선암사 화장실을 이렇게 예찬하고 있다.

"사랑이여, 쓸쓸함이여, 내세에서는 선암사 화장실에서 만나자."

그는 300년 넘은 건축물인 선암사 재래식 화장실을 자유의 낙원이라고까지 극찬한다. 배설의 행위가 자유와 해방의 행위라고 말하는 그로선 할 만한 소리다.

그 옛날 재래식 변소에서 오만상을 찌푸리고 침을 뱉으며 용변을 보았듯, 불결한 이미지의 공간을 불결하게 유지하면 한없이 불결해진다. 반면 깨끗하게 단장한 화장실은 휴식공간처럼 이용되기도 한다. 그러나 이런 식의 모습들은 자칫 진실이 아닐 수도 있다. 겉모습에 취해, 속고 속이고 또, 또 속는 아둔함처럼 세상의 모든 이치가 혹, 이런 게 아닐까. 마치 어딘가에 독이 들어 있어 현란하게 아름다운 독버섯처럼. 사용 부주의로 인해 방치된 화장실, 혹은 단수로 인한 불편함은 수세식 화장실의 최고의 함정이 아닐런지. 그럴 땐 코를 싸매고 쪼그리고 앉아 불쾌함을 견디며 용변을 보아야 했지만 이미 익숙해진 냄새와 구조의 정다움으로 재래식 화장실이 그리울 수도 있다. 그립다는 건 잊혀지지 않았다는 것일 것이다. 또 잊을 수 없다는 건 그것에 대한 애정일 수도 있다. 혹시 온고지신溫故知新이란 말이 여기에 쓰일 수도 있다면 그것처럼 적절한 표현도 없을 듯하다. 아니면 내 화장실 열전列傳이 모순이거나 오버센스나 아닌지 모르겠다.

(한국 수필가 2005 가을호)

공무원 각시

딸 하나를 금지옥엽 기르는 후배가 있다. 외동이를 키우는 부모가 다 그렇겠지만 그야말로 금쪽 같은 내 새끼가 그 집 딸이다. 딸 하나인 나도 애가 하나밖에 없다는 이유로 두 배 세 배 신경을 쓰고 우리 딸이 뭐든 좀 특별하게 되기를 바란다. 그러나 어디 자식이란 게 마음대로 되는 성질의 것이던가.

지방 사립대에 다니는 딸에게 돈이 제법 들어가는 모양인지 자영업을 하는 후배는 경기 탓을 하며 푸념하는 횟수가 잦다. 얼마 전, 호주로 어학연수까지 다녀왔다고 한다. 하지만 취직자리도 여의치 않고 별다른 특기도 없어 졸업을 해도 별 뾰족한 수가 없는 것 같았다. 그냥 시집이나 잘 보내야겠다는 생각뿐이라고 했다. 요즘은 공무원 신랑감이 최고인 것 같아 무조건 공무원 시험이나 임용고시에 합격할 것 같은 남자와 연애를 하라고 닦달을 한다는 것이다. 그것도 부족해 말이 씨가 되라고 아침마다 "공무원 각시! 공무원 각시! 어서 일어나시게."하며 딸애를 깨운다고도 했다.

처음에 그 소리를 들었을 때 박장대소하며 웃었다. 너무 기발해서였다. 눈물을 질금대며 얼마를 웃고 났을 때 가슴 한쪽이 아릿하며 쓸쓸해졌다. 딸자식 잘되길 비는 엄마의 정성이 눈물겹기도 했지만 어쩌다가 요즘 세상이 이 지경이 됐나 싶어서였다. 대학 나와 해외연수까지 다녀와서도 취직하기가 어려운 세상이 무정하고 막막해서 가슴이 답답했다. 개업한 의사도 환자가 없어 파산하는 걸 보면 장사꾼과 다를 바 없다며 사윗감이 공무원이나 선생님이길 바라는 친구들도 많다. 모두들 이 험한 세상에서 안전하게 살아남으려면 공무원이 최고라고 말한다.

이런 얘기를 듣다보면 격세지감隔世之感이 든다. 우리가 젊었을 땐 박봉薄俸을 이유로 공무원과 선생님은 가장 인기 없던 신랑감이 아니었던가. 당시만 해도 기업이 망한다는 건 상상할 수도 없는 시대여서 종합무역상사에 다니는 남자들의 인기는 소위 말하는 '사'자 붙은 남자 못지않았다. 지금은 기업이 공중분해되고 은행도 도산할 수 있는 세상이다. 차라리 그 옛날처럼 돈을 단지 속이나 베개 속에 감춰두는 게 속편하다는 사람도 있다. 뭐 하나 영원한 게 없는 세상이 돼버린 것이다. 영원하지 않다는 건 배반이고 몰락이다.

딸에게 후배 얘기를 해주며 어떻게 생각하는지 물었더니 냉소冷笑인지 고소苦笑인지 입을 비틀며 혀를 찬다. 그리고 선생님은 되고 싶지도 않고 결혼하고 싶지도 않은 유일한 직업이라고 말한다. 애들에게 시달리고 휘둘리는 선생님이 너무 힘들어 보이고 안타까워 겁이 난단다. 또 그 고단함을 가족에게 풀어 던질 스트레스를 생각하면 불행할 것 같아 싫다는 것이다. 좀 비약적이긴 해도 아주 틀린 얘기 같지는 않아 그것마저 서글펐다.

내 주변에 아르바이트를 하는 사람 중 남편이 공무원인 사람이 의외로 많다. 안정된 직장인지는 몰라도 애들 교육시키고 먹고살기엔 여전히 어렵다는 얘기다. 공무원이 살 만한 세상이 아니라, 예전에 안전하던 직업들이 급변하는 세상의 벼랑으로 내몰리면서 그나마 안정적인 공무원이 최고로 보여지는 건 아닐까? '공무원 각시! 공무원 각시!' 주문처럼 외우지만 말고 공무원 각시도 파트타임으로라도 일해야 한다는 걸 후배가 알았으면 좋겠다. 과연 인생에 왕도王道가 있는 걸까.

보내는 것에 대하여

목숨보다 더 귀한 사랑이건만
창살 없는 감옥인가 만날 길 없네.
왜 이리 그리운지 보고 싶은지…

그 길을 걸으며 줄곧 이 노래를 흥얼댔다. 제목도 알 수 없고 가사의 끝도 모르는 노래건만 그 길이 다 끝날 때까지 반복하며 불러댄 노래는 그리움의 실체인 양 그 길과 닮아 있었다.

메타세콰이어 가로수 길은 그렇게 아득히 펼쳐져 있었다. 바람에 흔들리며 조용히 떨어지는 나뭇잎은 흡사 황금빛의 작은 머리빗 같았다. 멀리서 보면 황금으로 도색된 터널 같기도 했고 가까이

서 보면 그냥 황금색의 카펫이 깔린 교교하고 기다란 복도 같았다. 메타세콰이어를 보고 있으면 참 영리하고 똑똑한 나무라는 생각이 든다. 어떻게 하고 있어야 저 자신이 아름다운지를 너무 잘 알고 있는 나무 같아서이다. 그것은 똑같이 키를 맞추고 황금색 트라이앵글처럼 빛난다. 언제쯤 나뭇잎을 떨궈야 저와 어울리는지 알고 있는 듯 찬바람 속에서도 꿋꿋하게 잎을 달고 서 있다. 만약 나무에게도 감정이 있다면 아마도 메타세콰이어는 자존심이 대단한 나무일 것 같다. 구차함이 없는 당당함 그리고, 그 아득함은 누군가를 한없이 그립게 한다. 그 길을 걸을 때 끝없이 맴돌던 노래 가사는 어쩜 나무가 주는 마음 때문이 아니었을까.

11월의 마지막 주말. 목련이라도 피어날 것 같은 푸근한 햇빛과 부드러운 바람은 11월이 소멸의 계절만은 아닌 듯해 두근댔다. 차창 밖의 세상은 언제나 설렌다. 갇힌 곳에서 바라봐서인지 갈 수 없는 나라처럼 요원하다.

처음부터 나목裸木이었던 것처럼 잎을 다 떨구고 빈 가지로 서 있는 은행나무, 타다 남은 불꽃처럼 퇴락한 단풍나무, 허옇게 부대끼는 억새의 고단함. 시커멓게 죽은 것 같은, 그래서 다시는 열매 맺지 못할 것 같은 생명력이라고는 느낄 수 없는 감나무. 한 번도 풍요를 누린 적이 없는 것처럼 헐벗고 신산스러운 빈 들녘. 그래도 버드나무엔 아직도 초록이 남아 있었다. 인디언들도 11월을 가리켜 '다 떠나간 것은 아닌 달' 이라고 했다더니 혹시 이 버드나무를 두고 한 말은 아니었을까. 지금은 녹음방초의 계절인 양 푸른 버드나무도 된서리 한번에 갑자기 초록을 다 잃어버릴 것이다. 담양 메타세콰이어 가로수 길에서 비로소 계절은 맞이하는 게 아니라 보내는 것이라는 허무함에 쓸쓸해졌다.

우리는 봄이 왔다고 한다. 봄을 다 보내고 여름을 맞는다. 또 가을이 오고 가을을 보내야 겨울이 온다. 이렇듯 반드시 한 계절을 보내야 새로운 계절이 온다. 사람과의 관계도 같을 것이다. 누군가가 내게로 와서 온갖 꽃을 피우고 잎을 틔웠을 때의 환희와, 조락의 쓸쓸함을 함께하고 마침내 내 곁을 떠날 것이다. 떠나려 할 때 보낼 줄도 알아야 하는 마음이 진정 성숙된 마음일 것이다. 그게 죽음이든 배반이든 쓰라림을 동반하며 다가오리라. 그러나 아름답고 행복했을 때를 생각하면 보내기가 좀 쉬워지지 않을까.

세상이 지루하다고 느낄 때

"사랑에 유효 기간이 있다면 난 만년으로 하고 싶다."

영화 속의 대사이긴 하지만 왠지 끔찍하지 않은가.

누군가를 만년쯤 사랑할 수 있을 것 같지도 않지만 그런 질긴 마음의 고리도 사실 고통일 것이다. 물론 사랑하는 사람으로부터 '너는 내 사랑의 출발점이다.' 이런 제목의 시詩를 받았을 땐 그 사람을 만년 아니라 억만년이라도 사랑할 수 있을 것 같겠지만 말이다. 어쨌든 강조된 사랑 표현은 현실감이 없을 지라도 마음이 따뜻해져 좋다. 결핍된 애정으로 세상이 지루하다고 느낄 때 이런 걸 생각하면 모든 게 내 이야기처럼 벅차서 세상이 좀 달콤해지지 않을까.

목련의 몰락은 또 어떤가. 떠나려는 임 바짓가랑이를 붙잡는 심사로 던적스럽게 떨어져 누운 목련의 최후는 헐벗고 질긴 내연의 관계처럼 차라리 구질구질하다. 우아했던 처음처럼 쿨하게 떠날 순 없는 걸까. 어느 봄날, 세상이 지루하다고 느낄 때 난 잔인한 생각을 한다. 등불같이 환하고 귀티 나는 목련꽃이 참혹하게 떨어지기 전에 모조리 따서 설탕을 듬뿍 넣고 잼을 만들어 버리면 그 향긋함에 세상이 좀 자극적이지 않을까.

남자는 바다가 있는 쪽에서 온다. 해질 녘 비릿한 바람을 안고 달려온 남자에게선 언제나 지독한 갈증 같은 그리움이 묻어나곤 했다. 남자는 많은 말을 하지 않았다. 뭐든 눈으로 묻고 눈으로 대답하는 듯 그윽한 눈빛으로 여자를 봤다. 남자는 담배를 자주 피웠다. 그럴 때의 남자는 너무도 쓸쓸해서 그의 옆모습은 매우 자조적으로 보였다. 때때로 시니컬하게 웃기도 했다.

여자는 늘 추웠다. 남자의 눈빛이 깊어지면 깊어질수록 더욱 한기가 느껴졌다. 담배냄새와 뒤섞여 바다냄새로 맡아지는 찌를 듯 강렬한 남자의 냄새에 잠깐잠깐 혼미했다. 남자는 다시 돌아갈 것이다. 밤을 거꾸로 안고 어둠 속을 질주할 것이다. 주황색 불빛으로 아늑한 부엌과 사탕을 깨물 듯 터지는 웃음소리가 뒹구는 그의 집으로 갈 것이다.

질투 같은 것, 끝을 알 수 없는 이 소모적 감정들.

주말, 미동도 없는 전화기.

남자는 배려라 생각할 것이고 여자는 배반이라 이름할 것이다.

"몹시도 괴로워지거든 언제가의 일요일에 죽어버리자." 다미아가 속삭인다.

몸 어딘가에 염증이 있는 사람처럼 독한 한기가 다시 여자를 떨게 한다.

일상이 싱거워서 세상이 지루하다고 느낄 때 난 좀 유치해진다. 그래서 식은 커피 잔을 앞에 두고 내 멋대로 써보는 거다. 상처 받는 게 사랑의 본질인 양 자학하는 진부한 남녀의 쓸쓸함이란 유치함의 극치가 아니겠는가. 밋밋한 세상이 갑자기 뺨을 맞은 듯 정신이 번쩍 나지 않을까.

세상이 하수상하니 계절도 역행하는 듯 뭐든 제대로 돌아가는 게 없는 듯하다. 봄의 실종은 도처에 나타났다. 지난 추위에 얼어버린 채 누렇게 말라버린 대나무는 새잎을 틔울 기력도 없어 보인다. 오랜 세월 지켜온 푸른 절개란 표현이 무색해져 버렸다. 봄의 꽃들은 축제가 끝난 후 저 혼자 외롭게 꽃을 피우며 바람과 비를 원망했다. 상한 듯 얼어터진 꽃잎이 두렵다. 이러다간 꽃도 없이 봄이 가고 열매 없는 가을이 오지 않을까 해서이다. 황사와 찬바람에 휘둘려 봄을 잃어버린 나는 세상이 지루해서, 세상이 한심해서, 몸을 배배 꼬며 노여움을 탄다. 지루함을 견디려 안간힘을 쓰면 쓸수록 세상은 더 지리멸렬해진다. 그리고 한심한 세상과 더불어 나는 더 한심해진다. 찬란해야 할 이 봄, 황사보다 더 고약한 빛깔의 봄 속에 갇힌 난 누군가에게 광기어린 질문을 던진다. 당신도 세상이 지루한가?

클라우디 9

그날, 남한산성엔 자전거를 타고 노는 작가는 없었다. 그의 말대로 먼 성벽이 하늘에 닿아 선명했고 성안엔 봄빛만 자글거렸다. 당치 않게도 봄이면 자전거를 타고 남한산성에서 허송세월하며 논다는 작가를 만날 수 있을지 모른다는 생각을 했었다. 그래서 급하게 따라 나선 길이기도 했다. 수어장대 층계에 앉아 매바위 쪽을 바라봤다. 자전거로 올라온 그가 땀을 식히며 매바위를 바라봤을지도 모를 거라는 생각을 했기 때문이다.

난 기다린다. 그 남자의 침묵이 언제쯤 깨질는지를…. 다행히 그는 날 오래 기다리게 하지 않는다. 적당한 지루함으로 온몸이 뒤틀릴 때쯤이면 어김없이 입을 열어 가슴으로 얘기한다. 그 길지 않은 시간이 내겐 즐길 만한 고통쯤 되는 걸까. 그가 입을, 아니 가슴을 열었을 땐 정점에 이르렀을 때처럼 어지럼증이 난다. 신문에서 파안대소하는 그를 봤다. 웃음에서 슬픔이 묻어났다. 이번 작품에서 계면을 다 빼 버렸다고 말했지만, 갈 수 없는 길과 가야 할 길은 포개져 있다고 말하는 성 이야기는 처음부터 목이 메었다.

그가 쓰면 왜, 다 슬픈 걸까?

이순신의 칼은 베일 듯 위태로운 외로움으로 슬펐고 우륵의 가야금은 소리 내어 울지 못하는 참담함으로 한스러웠다. 그리고 이 인문의 강산무진도는 한바탕 서러운 꿈을 꾸고 난 듯 허무했고 빗살무늬토기는 우울한 비애였다. 또다시 남한산성은 굴욕의 상처로 쓰라리다. 측은지심으로 결론지어지는 사랑에 대한 그의 정의와 자연에 가까운 아날로그적 삶에 동질감을 느끼며 어쩔 수 없이 그에게 사로잡히고 만다.

관객은 나 혼자였다. 어둑한 극장 안이 무서웠다. 아니, 그의 영화에 이토록 관객이 없다니, 참담하고 민망했다. 안내원이 복잡한 눈빛과 위로의 말끝에 무전기를 쳐보더니 남자 한 분이 더 올 거라고 했다. 순간, 극도의 공포가 엄습했다. 밀폐된 공간에서 낯선 남자와 엽기와 파격의 감독인 그의 영화를 그것도 단둘이 본다는 게 부담스럽고 사실 겁도 났다. 하지만 기다렸던 그의 신작을 포기할 생각은 없었다. 영화가 시작될 때까지 다행히(?) 남자는 오지 않았다.

역시, 감독 특유의, 숨도 쉴 수 없을 정도의 긴박감으로 도입부를 찍고 있었다. 그다웠다. 그는 항상 그랬다. 남자관객은 도입부를 한참 지나서 들어왔다. 공포감은 이미 없어졌다. 그의 영화를 혼자 보러 올 정도면 나쁘거나 형편없지도 않을 것이다. 안심하고 영화에 몰입했다.

엘리베이터에서 다시 그 남자를 만났다. 이외수처럼 머리를 뒤로 묶고 크고 작은 가방을 여러 개 겹쳐 메고 있었다. 외지 사람이 분명했다.

"이곳 분 아니신가 봐요?"

둘만 탄 엘리베이터 안의 침묵이 민망해 내가 물었다. 일본에서 왔다고 그가 어눌하게 한국어로 말했다. 남자는 일본어로 얘기하고 난 한국어로 얘기했다. 소통이 힘들었다. 그가 영어로 얘기하기 시작했다.

자기는 도쿄에서 왔으며 전주영화제를 보기 위해 3일째 전주에 머물러 있고 김기덕 감독의 영화를 무척 좋아한다고 했다. 그의 영화, 〈빈집〉이 최고였다고 했고 그 영화 주인공, 배우 재희를 매우 좋아한다, 오늘 영화 참 좋았다, 그리고 당신과 둘이서만 본 게 좀 특별했다. 내 짧은 영어로 주고받은 이야기는 대략 이 정도였다. 극장 로비에 서서 이야기하는 동안 그와 난 큰소리로 자주 웃었다. 국적과 상관없이 좋아하는 감독에 대한 공감대 때문에 유쾌해서 그랬을 것이다. 그와 헤어진 뒤, 다른 언어로 인한 불완전한 소통에서 오는 답답함과 아쉬움으로 가슴을 쓸어내리며 크게 숨을 내쉬었다. 그러고 보니 오늘 영화 제목이 〈숨〉이었다.

좋아하는 작가의 새로운 작품, 보고 싶은 감독의 영화, 혹은 듣고 싶은 가수의 새로운 곡을 기다리는 일은 그리움과도 같다. 때론 목마르고 멀어서 지치기도 하지만 끝없는 상상과 기대로 달콤하게 부푼다. 통증을 수반한 그리움이 아니어서 그나마 견딜 만하다. 이런 기다림은 절정 이전의 단계처럼 아득히 설레고 벅차다. 그 느낌이 너무도 강렬해서 정작 절정의 순간엔 폭발하는 힘보다 소진하는 느낌이 더 크다. 물론 이런 먹먹한 감동이 문학이나 예술에만 있는 건 아닐 것이다. 어떤 일을 추진하고 성취했을 때, 또는 누군가를 미칠 듯 사랑하고 아파할 때, 혹은 증오하던 사람을 용서하고 기도하는 마음도, 어찌 보면 모든 감정들이 간절하게 한곳으로 치닫는 절정 이전의 단계 같은 것이 아닐는지.

*클라우드 9 : 절정 이전의 단계

올 댓 라면

제산제制酸劑를 삼키면서 다시는 라면을 먹지 말자고 다짐했지만 좀전에 먹었던 라면 맛은 너무도 행복했다. 아무래도 난 라면을 먹다가 위가 구멍나고 말 것 같은 불길함을 떨쳐 버릴 수가 없다. 오십이 다 된 나이에 라면이 맛있다고, 라면이 먹고 싶다고 보채면 동료들은 안타까운 듯 혀를 찬다. 아마 라면의 해독만을 생각하기 때문일 게다. 열네 살인 딸애는 요즘 애들답지 않게 라면을 싫어한다. 인스턴트식품을 싫어하는 남편의 까다로운 식성을 닮은 탓인지 도무지 라면을 먹으려 하지 않는다. 일에 쫓겨 바쁜 내겐 가족들의 이런 식성은 몸에 해롭고 이롭고를 떠나서 몹시 불편한 일이다.

뭘 먹을까 고민하다 끝없이 복잡하고 혼란해질 때 결정된 메뉴의

라면은 은혜롭다. 그 간편하고 맛있는 음식이 그토록 저렴한 가격을 달고 있는 걸 보면 감격스럽기까지 하다. 라면을 먹고 후련한 국물에 밥을 말아 먹고 났을 때 난 세상이 만만함을 느낀다. 너무도 손쉽게 오는 포만감이 사막을 건너는 것 같은 고단한 세상살이를 한결 살 만한 걸로 착각하게 만들기 때문일까. 아니면 밥처럼 아무리 먹어도 물리지 않을 거란 어리석은 생각 때문인가.

때때로 라면은 비애다. 끼니를 때울 수 있다는 이유로 싫어도 먹을 수밖에 없는 사람들은 이 미끈거리는 면발을 슬픔의 가닥처럼 후루룩 목구멍으로 밀어 넣는다. 마치 남루함을 감추듯….

설명할 수 없는 이유로 끼니를 놓쳐버리고 늦은 밤 아들과 머리를 맞대고 유쾌하게 라면을 먹고 있지만 왠지 쓸쓸한 모습의 세상의 아버지들.

세상의 모든 울분과 시대의 어이없음을 씹어 삼키며 어느 시인의 시구詩句도 함께 삼킨다.

흔들릴 때마다 한잔
막걸리에서 막걸리로
소주에서 소주로
흔들릴 때마다 한잔
다시 흔들릴 때마다 한잔

새벽녘 헝클어진 속을 달래주는 것도 매운 수프 맛의 라면국물이 아닐는지.

몸에 해롭다는 이유만으로 멀리하기엔 너무 많은 것들을 생각하게 하는 라면은 비애이고 위안이다.

위장의 고통에도 불구하고 난 라면의 유혹을 떨쳐 버릴 수가 없다. 아마 중학교 때 라면을 처음 먹었을 때의 기억처럼 매일 먹었으면 하는 소망이 지금껏 계속되는 듯하다. 마땅히 먹을 것도, 먹을 만한 것도 없던 그 헐벗은 시대 탓이었을까. 형언할 수 없는 맛, 이 세상에 없는 맛으로 다가와 우리의 미각을 풍요롭고 행복하게 해주던 라면이야말로 구원이 아니었나 싶다.

웰빙족이란 신종어가 생길 정도로 최고의 먹을거리를 지향하는 요즘 세상에 내 라면이야기는 신산스러워 차라리 구질구질할 수도 있겠다. 하지만 위로받을 곳 없고, 손 잡아주는 이 없는 이 적막한 세상에서 춥고 허기진 사람들에게 그나마 위안이 되어 주는 건 뜨겁고 눈물겨운 라면이라고 말한다면 나의 지나친 라면 예찬일까?

*제산제 : 위산의 작용을 억제하는 약제.

(2004, 『e, 좋은 세상』)

모악산 연가戀歌

사람들은 어머니 같은 그 산을 친정처럼 편하게들 다녀온다. 새벽에 올라가고, 주말에 다녀오고, 울적해서 안기고, 답답해서 찾아가는 산이 모악산인 것 같다. 지척이어서 맘만 먹으면 갈 수 있는 곳을, 난 단지 힘들어서 갈 수 없다는 이유로, 마치 어머니가 없는 아이처럼 쓸쓸하게 바라보기만 했는데, 어느 날인가 그 푸근한 산에 안기고 싶다는 생각이 간절했다.

비단길로 올라가는 모악산은 다정하게 날 반겨 주었다. 비에 씻긴 햇빛은 청결하게 반짝였고 바람은 소소하고 맑았다. 알맞은 평지가 나를 다독이며 안심시키고, 느슨해지려 하면 약간의 경사가 다시 자극하며 부추겼다. 숲 속에서 언뜻언뜻 비치는 햇빛은 청량제가 되어 내 몸을 깨어나게 하고, 소슬하게 부는 바람은 맑고 시원해서 지친 내게 위안을 주었다. 또, 그늘 아래 벤치는 적당한 거리에서 날 보듬어 쉬게 했다. 등줄기에 흐르는 땀과 헐떡이는 숨은, 고통보다 내가 산에 오르고 있다는 사실을 더욱 빛나게 했다.

정상에서 내가 느꼈던 건 정복(?)의 쾌감도, 해냈다는 오만도 아니었다. 다만 평화였다. 권태롭도록 펼쳐진 초록의 평화를 봤을 뿐이다. 그리고 산꼭대기 바위에 앉아 아빠와 함께 오물오물 참외를 먹던, 사내아이가 누리던 그 작은 평화도 그 중 하나였다. 사람들은 평화롭기 위해 수고롭게 산에 오르는지도 모른다. 건강한 삶과 맑은 심성, 높은 곳에서 낮은 곳을 내려다보는 관용, 이 또한 평화의 한 모습이 아닐는지. 그 모든 것을 모악산이 품고 있는 듯했다.

비단길 약수터로 내려가는 길은 비릿하고 서늘했다. 잡목 사이로 비쳐드는 햇빛은 마치 은젓가락을 꽂아 놓은 듯 길고 가늘게 반짝였다. 어제 내린 비로 나무의 몸뚱이들은 검게 젖어 있었고 숲은 축축했다. 젖은 숲의 냄새는 모든 게 발효된 듯 들큰해서 취기처럼 잠깐잠깐 혼미했다.

떨어져 누운 때죽나무의 흰 꽃들은 마치 약혼녀처럼 순결해 보였다. 쥐똥나무의 독한 꽃내를 맡은 정숙한 숲이 혼절할 듯 휘청거리며 수런댄다. 때죽나무 꽃잎을 띄워 마시는 약수는 산을 오른 수고로운 이들을 위한 보답인 듯 달고 시원하다.

산벚꽃이 구름처럼 피어 환장할 것 같던 몽환의 봄날들이 엊그제 같더니, 루비 같은 산버찌가 부끄러움을 타는 듯 산자락을 붉히고 있었다. 가슴에 통증을 주며 날 끌어 올렸던 산은 무릎에 통증을 주며 다시 나를 내려놓는다. 그 통증마저 감미로워 온몸이 나른하다. 내 안에 온통 모악산이 들어와 있는 듯 잔잔한 평화가 일렁인다.

(2005, 전북일보)

추석 엘레지(elegy)

추석이 지났는데도 세상은 끝나지 않았다. 명절을 앞둔 며칠 전이면 사람들은 명절만 지나가면 세상이 끝날 것처럼, 아니 명절이 세상 끝인 양 법석을 떨었다. 그래서 명절이 지난 후엔 이런 생각과 함께 허무함이 더 큰지도 모른다. 올해는 여름 끝자락에 추석이 들어 있어서 도무지 추석기분이 나질 않았다. 명절의 부담을 잊고 있다가 갑자기 생각난 약속처럼 코앞에 다가온 추석 준비에 더욱 허둥댔다.

직장 핑계대고 음식 장만을 해본 지가 언제인지 모른다. 동서가 늦둥이를 가진 올 추석은 내가 음식 장만을 해보기로 하고 갖가지 전과 몇 가지 차례음식을 만들었다. 집안에 기름 냄새가 진동하니 비로소 추석 기분이 실감났다. 송편 재료가 보이지 않아 궁금해 하고 있는데, 시어머님이 냉동실에서 송편을 내놓으셨다. 찌지 않은 생송편이었다. 요즘은 방앗간에서 이렇게 팔고 있다고 하셨다. 찜통에 쪄서 참기름만 바르면 되는 아주 편리한 재료였다.

“송편 만들 사람이 있어야지. 다들 바쁘고 힘들다고 하니…….”

갑자기 가슴 한쪽이 싸하니 아려왔다. 몇 년 전만 해도 어머님이 모시 잎을 직접 재배해서 그걸 찧어 넣고 반죽한 재료로 온 가족이 둘러앉아 송편을 만들었다. 그 쫄깃하고 고소하며 제각기 다른 모습을 하고 있던 송편이 다시는 만날 수 없는 친구처럼 아쉽고 그리웠다. 송편이란 추석에 온 가족이 모여 빚는 떡이건만 이젠 다들 바쁘고 지쳐, 둘러앉을 기력도 없어진 듯 송편 빚는 즐거움을 슬그머니 포기해 버린다.

모두들 심심해한다. 먹을 때만 빼면 다들 심심하다. 아이들은 컴퓨터 게임을 그리워하고, 멀리서 온 가족들은 막히는 도로가 걱정이고, 나는 밀린 우리 집 일이 심란하다. 시어머님은 모두의 마음을 읽기나 하신 듯 남은 음식과 새로 짠 들기름 병을 자식들 숫자대로 싸고 계신다. 진정 아쉬운 건지 말들은 섭섭해 하면서 작별을 고한다. 홀로 남은 어머님의 허전함을 아는지 모르는지 엔진 소리도 요란하게 하나 둘 떠나버린다.

내 집이란 얼마나 편안한가. 변비를 호소하던 남편이 화장실에 다녀와 기분이 좋아졌고, 딸애는 컴퓨터에 매달렸다. 명절 증후군이란 고약한 놈에게 휘둘리기라도 한 것일까. 온종일 편두통에 시달리던 나도 머리가 개운해지며 가뿐해졌다.

심야에 극장에 갔다. 예전엔 명절날 극장에 가면 촌스럽다고 했는데 요즘엔 시간도 넉넉하고 좋은 영화도 많이 개봉되는 명절에 영화구경은 필수(?)다. 아이스크림을 들고, 때때로 크림이 묻은 손가락을 빨면서 젊은이들과 뒤섞여 차례를 기다리고 있노라면 갑자기 불로초라도 먹은 듯 젊음이 느껴진다. 그리고 앞에 서 있는 딸애가 내 친구 같아 기분이 좋다. 황당한 코믹영화지만 형제란 얼마나 따뜻하고 행복한 관계인가 하는 메시지가 있어 가슴 찡한 영화였다. 속이 후련해지도록 웃다가 질금대며 울다가 조금 전 헤어진 형제들을 생각해본다. 보고 싶을 때 언제나 볼 수 있어 덤덤한가, 아니면 영원히 헤어지는 일 같은 건 절대로 없을 것 같아서 애틋함이 덜한가. 서둘러 헤어진 형제들이 다시금 보고 싶어진다. 자식들 먹이고 싸 보내려고 요통에 시달리면서도 동강날 것 같은 허리를 질질 끌며 움직이시던 시어머님 생각에 갑자기 송구스럽고 죄스러워 별반 슬프지도 않은 영화건만 슬픈 영화 때문인 양 눈물이 흘렀다.

게으른 여자처럼 길게 누워 있던 추석 연휴도 다 끝나가고 끝인 것 같던 세상은 여전히 잘 돌아가고 있다. 새로운 명절풍속도라고 하기엔 너무도 쓸쓸해진 추석풍경이었다.

생활 속에서 찾아낸 보석 같은 수필들

–최화경 수필집 《음악 없이 춤추기》

김 학

(국제펜클럽 한국본부 부이사장, 수필가)

1. 최화경, 그녀의 문학환경

전라북도 완주군 삼례 출생인 최화경은 격월간 《좋은문학》 2003년 8월호에서 〈빨강, 그 감동과 비애에 대하여〉라는 작품으로 신인상을 수상하면서 당당히 수필가의 반열에 올랐다. 그런 그녀가 몇 해 침묵을 지키더니 드디어 처녀수필집을 출간하겠다고 나섰다. 등단 5년 만의 일이다. 나는 전북대학교 평생교육원 103강의실에서 그녀를 비롯하여 수필창작과정 모든 수강생들에게 등단 3년 안에 처녀수필집을 내지 못하면 금방 10년이 지나버린다고 강조했다. 그것은 도중에 중단하지 말고 꾸준히 창작활동을 하라는 의미다. 그런데 수필가 최화경이 등단 5년 만에 수필집을 낸다니 그나마 다행이라는 생각이다. 행촌수필문학회 회원으로서는 15번째 수필집 출간인 셈이니, 기쁘고 반가운 일이다.

잘 쓰인 수필 한 편을 읽고 나면 더운 여름날 생맥주 한 잔을 마신 것처럼 쾌감이 온다고 말한 사람이 있다. 생맥주는 육체적인 조건에서 쾌감이 오지만 수필은 정서적인 조건에서 쾌감이 온다고 했다. 그러나 쾌감의 신선도에는 큰 차이가 없다고 한다. 이 한 권의 수필집이 출간되면 독자들은 그 책을 읽은 다음 시원한 생맥주라도 한 잔 들이켜고 싶은 마음이 들 것 같기도 하다.

103강의실에서 처음 만났을 때 최화경은 노처녀로 보였었다. 그러나 나중에 알고 보니 딸 하나를 둔 40대 유부녀였다. 최화경은 그처럼 나이가 들어 보이지 않는다. 말이나 행동 역시 젊은 이미지를 풍긴다. 그녀가 쓰는 수필 역시 밭에서 금세 뽑아온 싱싱한 채소 같다. 소재를 장보기하는 눈썰미와 그 소재로 요리를 만드는 솜씨가 여느 전업주부와는 사뭇 다르기 때문이다.

판소리는 소리의 고장 전라북도의 자랑거리다. 자신이 직접 소리를 못한다 해도 소리를 감상할 줄 아는 귀명창쯤 되어야 한다. 전주에서는 판소리를 감상할 기회가 그만큼 많기 때문에 그런 이야기가 나왔을 것이다.

최화경 수필가는 스스로 단가는 물론 판소리 〈춘향가〉 한 대목을 너끈히 부를 줄 안다. 내가 맨 처음 그녀의 소리를 들었던 것은 어느 해 봄 수필창작과정 금요반 동기생들과 더불어 진안군 마이산으로 나들이를 갔을 때였다. 식당에서 동동주 한 잔씩 들어가자 그녀는 선뜻 일어서더니 목청을 뽑았었다. 그런 뒤 봄 · 가을 문학기행 때는 관광버스 안에서 소리를 했고, 최근에는 화요반 모임 때 소리를 들려주었다.

판소리를 하는 수필가 최화경! 그녀의 수필이 여느 여성수필보다 색다른 맛을 주리라 기대하는 것은 그런 까닭이 있어서다. 판소리를 잘하려면 폭포 아래에서 피를 토할 정도로 오랜 독공을 해야 제대로 된 소리꾼이 될 수 있다고 한다. 그런데 최화경은 그 과정이 생략되어서 그런지 목소리가 굵고 투박하지 않고 가는 게 흠이라면 흠이다. 하지만 판소리를 하는 수필가임에는 틀림없다.

수필가 최화경은 젊게 사는 것 같지만 꼭 그렇지만도 않다. 우리나라 국민의 2/3가 인터넷을 즐긴다는데 아직도 컴퓨터는 그녀에겐 그림의 떡이고, 운전 역시 강 건너 불이다. 그 나이의 현대 여성이라면 이미 컴퓨터나 운전은 필수교양일 텐데 그녀는 그것들과는 거리를 두고 산다. 알다가도 모를 게 그녀의 마음이요 인생관이다. 그러기에 그녀의 수필에 더 호기심을 갖게 되는지도 모르겠다. 그녀의 생활 자체가 '낯설게 하기' 의 전형이니 말이다.

어떤 사람은 쌀로 지은 밥이 수필이라면, 쌀로 빚은 술이 소설이라고 비유한 이가 있었다. 마시면 취하는 술처럼 소설에는 취하는 알코올 기가 있지만, 수필에는 밥을 배불리 먹은 뒤의 포만감과 친근감이 있다고 했다. 수필은 독자에게 친구 같은 믿음을 준다는 것이다. 최화경의 수필을 두고 하는 이야기 같기도 하다.

2. 최화경 수필 들여다보기

수필은 작가와 독자의 힘겨루기라고 해도 지나친 말은 아닐 듯싶다. 작가와 독자 사이에 펼쳐지는 고도의 심리전이라는 이야기다. 수필가는 모름지기 독자의 심리상태를 예상하고 그에 대처하면서 작품을 빚어야 한다고 본다. 읽을거리가 풍부한 오늘의 독자는 겨자씨 같은 결점만 발견돼도 읽던 책을 금세 덮어버리려고 한다. 수필가는 독자의 그런 심리상태를 파악해야 하고 독자들에게 그런 빌미를 주지 않게 작품을 빚어야 한다는 말이다. 독자가 처음부터 호기심을 갖고 작가에게 끌려오도록 유도하지 않으면 안 된다. 한 편의 작품을 다 읽은 뒤에 독자가 머리를 끄덕이거나 무릎을 치며 공감의 미소를 자아내도록 해야 할 것이다. 거기까지가 수필가가 해야 될 몫이라고 생각한다. 여기서 최화경 수필가의 작품을 들여다보기로 하자.

〈자두 손톱과 모닝커피〉

제목부터 독자의 관심을 끌 만하다. 자는 딸아이의 손톱을 자르면서 아버지를 떠올리는 작품이다. 손톱을 바짝 잘라주던 어머니와는 달리 아버지는 손톱을 양쪽만 잘라서 가운데를 뾰족하게 자두 모양으로 잘라주셨던 것을 회상한다. 5남매 중 아버지의 사랑을 가장 많이 받았던 회상기이다. 아버지는 아침마다 모닝커피를 끓여놓고 늦잠 자는 자신을 깨워 마시게 했던 일이며, 팝송을 즐겨 부르고, 영화를 좋아하셨던 아버지를 떠올린다. 화자에게 있어서 아버지는 추억의 보고다. 화자 5남매는 날마다 아버지랑 함께 그날 있었던 일들을 일일이 보고하는 것으로 하루 일과를 끝마쳤다고 한다. 또 아버지는 너무 자상해서 레이스 옷을 다려주고, 생선뼈를 발라주며, 무거운 건 다 날라주었다는 즐거운 회상이 작품의 전편에 흥건하게 흐른다. 10여 년 전에 돌아가신 아버지를 사모하는 눈물겨운 화자의 마음이 진솔하게 담겨진 단락이다.

> 한동안 아버지가 너무 그리워 아버지가 입던 하프코트를 내 몸에 맞게 줄여 입고 다녔다. 남편은 기겁을 했지만, 차마 그 코트를 태우지 못하고 아버지에게 안긴 듯 입었다.
>
> – 〈자두 손톱과 모닝커피〉 중에서

〈사랑, 그 행복한 중독〉

낙천적이며 명랑한 아버지의 성품을 닮은 화자는 예술적 감성 역시 그대로 물려받은 것 같다. 이 작품 역시 제목부터 서두까지 독자가 '?'란 푯말을 들고 작가의 필봉에 끌려가지 않을 수 없게 만들고 있다. 화자는 가을이 오면 늘 하던 버릇대로 립스틱과 CD를 산다. 소울창법의 노래가 듣고 싶어 부라운 아이드 소울이란 그룹의 CD를 샀는데 그 CD에서 백호 임제의 〈북천이 맑다커늘〉이란 노래를 듣는다. 화자는 4백여 년 전 평양기생 한우寒雨[찬비]를 사랑한 풍류남아 임제의 파격적인 멋을 그리워한다. 화자는 자신이 생각하는 사랑론을 이렇게 보여주고 있다.

> 나는 사랑 얘기가 좋다. 데이지에 대한 캣츠비의 지독한 사랑은 외롭고 쓸쓸해서 싫지 않고, 어리석을 정도로 지고지순한 도미와 아랑의 사랑은 가슴 아프지만 이 세상에 없는 얘기 같아 좋다. 영화 미저리의 비정상적으로 중독된 사랑도 나쁘진 않아 보이고, 때때로 일탈을 꿈꾸는 위험한 사랑에도 매력을 느낀다. 인간의 최고 화두는 언제나 사랑이 아닌가 싶다. 모두들 사랑하고 싶어 하고 사랑받고 싶어 끊임없이 괴로워한다. 사랑의 힘처럼 위대한 것도 없는 듯 세상엔 사랑이 해내는 기적이나 충격적인 일이 너무도 많다. 그건 따뜻하고 달콤해서 삶을 풍요롭게 하고 때론 슬프고 아름다워서 행복함과 감동을 촉발한다.
>
> – 〈사랑, 그 행복한 중독〉 중에서

〈담배 피우는 남자가 그립다〉

이 제목 역시 파격이다. 여느 여성들은 대부분 이와 반대로 생각하기 때문이다. 죄인 취급을 당하던 애연가들이 이 제목만 보고도 얼마나 위안을 받고 기뻐할 것인가. 친정아버지는 담배연기로 동그라미를 잘 만드셨고, 담배를 즐겨 피우셨기에 화자에게 있어서 담배냄새는 아버지의 냄새였다. 그 담배냄새는 젊은 날의 추억의 냄새였고, 화자가 아는 모든 남자들의 냄새였다. 이 작가 같은 너그러운 사람들만 있다면 애연가들이 오늘처럼 움츠러들지는 않아도 될 것이다.

> 찌개냄비 끓듯 세상이 부글부글 끓고 있다. 우리들 가슴도 분노로 끓어넘칠 지경이다. 뭔가 끓어오를 땐 남의 눈치 안 보고 담배를 꺼내들던 옛날은 얼마나 정직하고 후련했던가. 금한다는 건 항상 반항적이고 답답하다. 이 무정한 세월을 견디는 한 방법으로 진짜 담배 한 번쯤 피워보는 건 어떨까?
>
> – 〈담배 피우는 남자가 그립다〉 결미

〈나비 그리고 대금산조〉

나비와 대금산조는 전혀 피가 섞이지 않은 남남이다. 그런데 이 작품에서 어떻게 연관을 지을까 궁금했다. 결국 나비와 대금산조는 서로 독립한 소재였다. 나비를 좋아하는 화자는 함평의 나비축제를 둘러보고 나비를 소재로 한 글을 쓰고, 장소를 옮겨 대나무축제가 열리는 담양으로 달려가 대나무를 만난다. 일종의 기행수필인 셈이다.

소멸하기 위해 저 힘겨운 몸짓으로 탄생하려는 나비가 부질없어 보이기도 했다. 하기야 소멸하기 위해 탄생하는 게 어찌 나비뿐이겠는가. 나비축제가 백작부인이 들고 있던 양산의 레이스처럼 화려했다면 대나무축제는 정경부인의 옥가락지처럼 단아하고 차분했다. (중략) 대나무는 그냥 대나무로서 도도하고 꿋꿋했으며 야단스러움 없이도 사람을 꼼짝 못하게 사로잡고 있었다. 나비가 도발적이고 현란했다면 대나무는 정화되고 가지런해서 흐트러짐이 없었다.

– 〈나비 그리고 대금산조〉 중에서

두 축제를 둘러본 화자는 나름대로 해석을 내리고 거기서 깨달음을 얻는다. 육체적인 눈으로만 축제를 본 게 아니라 마음의 눈으로 축제를 껴안은 것이다. 그것이 바로 진정한 수필가의 바른 태도가 아닐까. 대나무가 악기로서는 경이로웠지만 죽창이란 이름의 무기로서는 상상이 되질 않았다는 표현은 새롭고 삽상한 문장이라고 칭찬하지 않을 수 없다.

〈그리운 것은 그리운 대로〉

인류가 발명한 것 중 획기적인 게 많겠지만 몇 가지만 얘기하라면, 난 수세식 변소와 원터치로 열 수 있는 캔이라고 말하고 싶다. 깡통을 잡고 손바닥의 날카로운 통증을 감수하며 씨름해야 하는 깡통 따개의 무딘 칼날을 생각하면 원터치 캔의 발명은 거의 기적에 가깝다. 그리고 내게 항상 놀라운 은총처럼 느껴지는 게 수세식 화장실이다. 요즘 다시금 재래식 화장실을 예찬하면서 그것만이 땅을 살릴 수 있는 유일한 방법이라며 과학적인 증거들을 제시하고 있지만, 어쨌든 난 모든 배설물이 흔적 없이 씻겨 내려가는 이유 하나만으로도 수세식 화장실이 좋다.

– 〈그리운 것은 그리운 대로〉 서두에서

화자의 수필적인 안목이 돋보이는 작품이다. 그냥 대수롭지 않게 보아 넘길 수 있는 소재인데 화자는 그걸 수필소재로 끌어들였다. 이 한 편의 수필로 독자는 화장실문화의 변화를 일목요연하게 느낄 수 있을 것 같다. 아시안게임과 올림픽 그리고 월드컵 축구 등 세계적인 이벤트를 준비하면서 우리네 화장실 문화는 그렇게 선진화되었다. 화자의 예리한 시선이 돋보인다고 하겠다.

〈포르셰(porsche)는 사셨나요?〉

남: 결혼한 지 얼마나 됐죠?

여: 2년요.

남: 난 장장 25년.

여: 중년의 위기를 겪고 계시나 봐요. 포르셰는 사셨나요?

남: 한 대 살까 생각 중이죠.

– 〈포르셰는 사셨나요?〉 서두

제목과 서두부터 독자의 호기심을 자극한다. 대부분의 독자는 여기까지 읽어도 무슨 의미인지 알 수가 없다. 그러니 읽는 김에 더 읽어 볼 수밖에 없을 것이다. 의문은 거기서 풀린다. 포르셰는 미국에서 인기 있는 젊음을 상징하는 스포츠카이고, 중년의 결혼 위기를 겪는 남성이라면 젊음의 끝자락이라도 붙잡고 싶어서 이 스포츠카를 산다는 것이다. 화자는 〈사랑도 통역이 되나요?〉란 영화에서 남녀 주인공의 대화를 끌어들인 것이다. 화자는 영화에서 한 발짝 빠져나와 그 남자 주인공 자리에 자신의 남편을 대입시키며 상상의 나래를 편다. 그러면서 스스로 반성문을 쓴다.

"남성에게도 갱년기가 있다고 들었는데도 무뚝뚝한 남편이라 모든 감정이 바위 같을 거라는 생각으로 무심했던 게 염치없고 민망하다."고 고백한다. 수필이 자조自照의 문학임을 실증적으로 보여주는 작품이라고 하겠다.

〈초록 물고기로 남은 숭례문〉

불타버린 국보1호 숭례문도 수필가 최화경의 수필 렌즈에 잡혔다. 페인트 냄새 진동하는 새로 지은 숭례문보다 초록 물고기가 유영하듯 휘황한 처마에 600년 세월을 휘감고 아정했던 숭례문을 그리워하는 화자의 마음이 애련하게 담겨진 작품이다. 누군가를 향해 두 다리를 뻗고 주저앉아 도리질을 하면서 숭례문을 물어내라고 소리를 지르고 싶다는 화자의 외침이 독자의 공감을 불러일으킬 것 같은 작품이다.

〈음악 없이 춤추기〉

"우리 나이쯤 되면 자기 생일날 직접 미역국 안 끓인대……."

"그럼 누가 끓여준대?"

"딸이나 남편이 끓여준다더라."

"……."

– 〈음악 없이 춤추기〉 중에서

화자의 생일날 있었던 해프닝이다. 화자는 생일날이면 남편과 딸에게서 축하의 선물로 책이나 CD, 또는 돈을 받곤 했다고 고백한다. 학생인 딸은 언제나 CD와 책을 그리고 남편에게서는 돈을 받는다. 그런데 올해 생일날에는 심경의 변화가 온 것이다. 그래서 남편과 이런 대화를 주고받게 된 것이다. 생일이든 결혼기념일이든 떠들썩한 이벤트로 축하를 받은 친구들을 부러워하지 않던 화자가 이번 생일에는 왜 이렇게 변했을까? 그것은 40대를 마감하고 50대로 접어든 경계선에서 맞은 생일이었기 때문이다. 화자는 외롭고, 흥겹지도 않고, 민망하기까지 한 이런 기분은 마치 음악 없이 춤추는 것만큼이나 싱겁고 안쓰럽다고 고백한다.

"태어나줘서 고맙고 내게로 와줘서 더 고마워!" 화자가 해마다 생일날 딸에게 보낸 이 메시지를 이번 생일에는 화자도 누군가에게서 받고 싶은 생각이 들었다는 것이다. 마음속에 들어 있던 간절한 소망을 수필이란 그릇에 담아 백일하에 세상에 들춰낸 셈이다.

이 글을 읽은 남편과 딸의 표정은 어땠을까가 몹시 궁금해진다.

3. 최화경 수필론의 마무리

문학은 체험의 재구성이라고 한다. 문학의 5개 장르 중 특히 수필은 체험 자체가 가장 내세울 만한 강점이다. 그 체험에 의미부여란 양념이 제대로 버무려지지 않으면 수필로서 대접을 받지 못한다. 최화경 수필을 읽으면 우선 다양한 체험의 소유자임을 금세 알 수가 있다. 그녀가 쓴 작품에는 그녀의 체험이 고스란히 녹아서 담겨져 있기 때문이다.

최화경 수필에는 재미가 있다. 신선한 소재와 산뜻한 표현으로 씌어지기에 재미가 있다. 평소 일상생활에서 유머러스한 표현을 즐겨 사용하듯 그녀의 수필에도 그런 유머가 은근히 스며들어 있게 마련이다. 그러기에 독자는 호감을 갖는다. 이제 수필가 최화경은 안필眼筆과 뇌필腦筆의 수준을 벗어나서 육필肉筆과 영필靈筆의 경지로 나아가기를 바라 마지않는다. 문학은 정년을 요구하지 않는다. 건강과 수필에 대한 사랑이 식지 않는 한 계속할 수 있는 게 문학이다. 천천히 그러나 꾸준히 노력하여 필력이 녹슬지 않도록 정진하는 수필가가 되기를 당부한다.

최화경 수필집

음악 없이 춤추기

초판인쇄 | 2008년 5월 26일
초판발행 | 2008년 5월 30일

지은이 | 최 화 경
펴낸이 | 서 정 환
펴낸곳 | 수필과비평사

주 소 | 서울시 종로구 익선동 30-6
운현신화타워 빌딩 2층 207호
전 화 | (02) 3675-5633, (063) 275-4000
등 록 | 1984년 8월 17일 제 28호
e-mail | essay321@hanmail.net

값 9,000원

ISBN 978-89-5925-437-8 03810